相模鉄道
昭和～平成の記録

解説 山田 亮

◎南万騎が原　2019（平成31）年3月10日

.....Contents

東海道本線との並走区間。背後のガスタンクは東京ガス整圧所である。
◎平沼橋〜西横浜　1974（昭和49）年7月3日　撮影：亀井秀夫

はじめに

　相模鉄道（相鉄）を一言でいうなら「山椒は小粒でもぴりりと辛い」、規模は小さいがその独自性、先進性が際立っている。相鉄は1990年にそれまでの準大手から大手の扱いになった。営業キロは42.2km（他に貨物線2.2km）、新横浜線6.3kmの開業でようやく40kmを越えたが、阪神電鉄の43.0kmにわずかに及ばず大手民鉄では最短であることは変わらない。だが1km、1日あたりの輸送密度は192,837人で京浜急行電鉄の204,944人に迫る。（2019年度、鉄道統計年報）

　相模鉄道を有名にした車両は1955年に登場した5000系である。いわゆる湘南スタイルでボディーマウント方式を採用し、相模鉄道の名を一躍有名にした。1961年登場の6000系は関東私鉄初の20m4ドアの高性能車。1970年登場の新6000系は車体幅が2930mmで在来線では当時日本最大だった。一方では多様な形態の17m車2000系、旧モハ63の20m車3000系が運行され「雑多な車種」が相鉄の特徴だった。

　1970年登場の2100系、1972年登場の5100系、1975年登場の7000系はアルミ車体、正面高運転台で「70年代相鉄スタイル」を確立した。新7000系の一部で試行された一部車両のクロスシート（5および8号車）は1990年登場の8000系、1993年登場の9000系でも採用され、JRのE217系に影響を与えたと言われる。2002年登場の10000系、2009年登場の11000系はアルミ車体でJRのE231、E233系と基本設計が共通となった。

　2018年登場の東急直通用20000系、2019年登場のJR直通用12000系は濃紺のYOKOHAMA NAVYBLUE塗装となり、乗り入れ先の都内でも独自の存在感を放っている。一方では新横浜線経由で乗り入れてくるJR・東急の車両が我々の眼を楽しませる。本書で過去から現在に至る相鉄のさまざまな車両、駅や沿線風景を楽しんでいただければ幸いである。

2023年5月　山田 亮

西大井　相鉄・JR直通線の相鉄主力車両の12000系が横須賀線E217系と並ぶ。

1章

カラーフィルムで記録された
相模鉄道

かしわ台～海老名　7000系の正面デザインとカラーリングでイメージを一新した新7000系。背後に大山がくっきり見える。
◎2013（平成25）年11月　撮影：山田 亮

本線

新6000系7両編成の各停二俣川行。新6000系は1970年に登場し、車体幅2930mmで在来線では当時日本最大だった。6000系の若草色新塗装化は1974年春に始まり約2年で完了し、この頃には全車旧塗装の編成は少なくなっていた。相鉄の朝ラッシュ時7両編成化は1970年11月から開始された。◎西横浜　1976（昭和51）年2月15日　撮影：荻原俊夫

3010系6両編成の急行海老名行。若草色（ライトグリーン）に塗り替えられている。元モハ63などの3000系を1964～65年に6000系と同様の車体に更新（車体載せ替え）した3010系は1987年にVVVFインバーター制御になり冷房化された。◎西横浜　1976（昭和51）年2月15日　撮影：荻原俊夫

荷物電車になった2000系。モニ2000形2023とクニ2500形2506の２両編成。雑多な形態だった2000系は1959年から順次車体が更新され統一された形態になった。手前側のモニ2023は元モハ2000形2023で、旧国鉄のクモハ11形100番台（登場時はダブルルーフのモハ30形）を国鉄から譲り受け1960年に車体を更新し、1975年に荷電化された。クニ2506は元クハ2500形2506で1967年に「新製」された。台車などは在来車の再利用である。
◎西横浜　1976（昭和51）年２月15日　撮影：荻原俊夫

ED11牽引の貨物列車。西横浜から国鉄保土ヶ谷への連絡貨物線（1.0km）があり、ED10形が保土ヶ谷構内まで乗り入れ貨車の中継を行っていた。1979年10月の東海道貨物線開業に伴い、保土ヶ谷での貨車中継はなくなり、厚木中継だけになった。右側に車掌室付き無蓋車トフ400形404が見える。◎西横浜　1976（昭和51）年２月15日　撮影：荻原俊夫

旧塗装と若草色新塗装が混じった6000系7両編成の急行海老名行。先頭はクハ6500形6524。6000系は1970年から前面に列車種別、運行番号表示器が取り付けられた。6000系の若草色新塗装への塗り替えは1974年春に始まり約2年で完了したが、その間は両者の混色編成が見られた。◎西横浜　1976（昭和51）年2月15日　撮影：荻原俊夫

初期形7000系10両編成の急行横浜行。
天王町の高架化は1968年3月に完成し
たが天王町〜星川間は地上線のままだっ
た。背後には神奈川県住宅供給公社の天
王町スカイハイツが見える。以前はこの
場所に保土谷化学の工場があった。
◎星川
2000(平成12)年2月
撮影：山田 亮

1983年12月、相鉄の横浜駅乗り入れ50周年を記念して塗装が変更されたグラフィックカー「ほほえみ号」。イラストレーター
久里洋二氏がデザイン。新6000系8両で先頭はクハ6700形6718、海老名方はクハ6500形6534(6718F編成)。1991年
9月に運行が終了し、若草色に戻った。◎天王町　1983(昭和58)年　撮影：山田 亮

高架化工事着手前の星川に到着する若草色（ライトグリーン）塗装の新6000系クハ6700形6705先頭の快速横浜行。1999年2月改正で設定された快速は初めて星川と鶴ヶ峰に停車した。新6000系は2003年までに全車が引退した。以前の車両工場敷地は留置線となり8000系が留置。◎星川　2000（平成12）年2月　撮影：山田 亮

高架工事着手前の星川に到着する新6000系8両のグラフィックカー「緑園都市号」快速横浜行。横浜ゆかりの画家柳原良平氏（1931〜2015）デザインで側面には横浜の風物が描かれている。上り方先頭はクハ6700形6717、下り方先頭はクハ6500形6541。1987年4月運転開始で2003年11月のお別れ運転を最後に引退した。
◎星川　2000（平成12）年2月　撮影：山田 亮

高架化工事着手前の星川に到着する9000系10両編成の急行横浜行。9000系の各停を追い抜く。
◎星川
2000（平成12）年2月
撮影：山田 亮

池田満寿夫氏デザインの「アートギャラリー号」快速横浜行。星川は1969年4月に橋上駅舎になりホームは2面4線となり、朝夕は各停が急行を待避した。2017〜18年にホームが高架化され、2023年2月に高架化工事が完了した。
◎星川　2000（平成12）年2月　撮影：山田 亮

旧塗装時代の6000系6両編成の急行横浜行。6000系は1961年に登場した1M方式の4ドア車で関東私鉄初の高性能20ｍ4ドア通勤車。（小田急1800系、東武7800系などは20ｍ4ドア車だが釣掛式駆動の旧性能車）5000系と同じく濃緑に窓回りグレー、窓下に赤帯と白線が入る手が込んだ塗装で模型ファン泣かせと言われた。
◎瀬谷〜三ツ境
1974（昭和49）年2月
撮影：山田 亮

1967年に登場したアルミカー試作車モハ6000形6021を先頭にした銀色、旧塗色、若草色新塗装の3色混合編成。正面貫通ドアの赤がアクセントとなっている。モハ6021は1998年に廃車され現在はかしわ台車両センターで保存。
◎鶴ヶ峰〜西谷　1974（昭和49）年2月　撮影：山田 亮

7000系10両編成の急行横浜行。7000系は2100系、5100系と同様のアルミ車体、正面高運転台、車体幅2800㎜で「70年代相鉄スタイル」を確立した。1975年に登場し、走り装置、機器は新6000系とほぼ同じである。2019年10月に全車引退したが、一部が事業用車モヤ700形（701 ～ 704）となった。◎鶴ヶ峰～西谷　1999（平成11）年7月　撮影：山田 亮

8000系10両編成の各停横浜行。左奥に新7000系の急行大和行が見える。8000系は1990年に登場したVVVFインバーター制御車で日立製作所製。車体幅は新6000系と同様の2930㎜。8000系の登場で1992年から6000系（初期型）の廃車が始まった。◎鶴ヶ峰〜西谷　1999（平成11）年7月　撮影：山田 亮

9000系10両の各停横浜行。9000系は1993年登場で東急車輌製。8000系と同じくVVVFインバーター制御だが主電動機出力が180kw（8000系は150kw、日立製作所製）となった。アルミ車体だが塗装され（ライトグレーに赤白の帯）、車体デザインも変更された。車体幅は8000系より若干狭く2900㎜（8000系は2930㎜）。
◎鶴ヶ峰〜西谷　1999（平成11）年7月　撮影：山田 亮

新7000系10両編成の急行横浜行。7000系は1986年登場の第12次車から先頭および側面のデザインが変わり新7000系となり、1988年登場の第14次車からはVVVFインバーター制御となった。新7000系は20000系投入で2020年11月に引退した。◎鶴ヶ峰〜西谷　1999（平成11）年7月　撮影：山田 亮

1987年4月に登場した柳原良平氏デザインの緑園都市号（6717F編成、横浜方がクハ6700形6717）西谷の鶴ヶ峰方は相鉄新横浜線開通に伴い、引上げ線が設けられ4線化され風景が一変した。◎西谷　1987（昭和62）年12月　撮影：山田 進

若草色の初期形6000系8両編成の回送
列車。先頭のモハ6000形6012は1963
年登場、1996年廃車。
◎西谷
1987（昭和62）年12月
撮影：山田 進

黄色系統の試験塗装編成。1973年11
月の相鉄ジョイナス（相鉄横浜駅併設の
ショッピングセンター）開店にあわせて
6000系の塗色を変更することになり、
1973年10月、新6000系の試験塗装編成
が2編成登場した。黄色系と緑色系の2
種類があり、社員アンケートの結果、ライ
トグリーン（若草色）に決まり、1974
年2月頃から塗色変更が始まり、約2年
で完了した。
◎二俣川～鶴ヶ峰
1974（昭和49）年2月
撮影：山田 亮

3000系10両編成の急行横浜行。先頭はモハ3050形3051。旧国鉄モハ63形などの3000系を初期形6000系と同様の車体に更新（車体載せ替え）した3010系は1987年に新性能化、冷房化され車号は50がプラス（モハ3051、クハ3551など）されたが公式には3000系とされた。初期形6000系の引退後も運行されていたが1999年5月に廃車された。
◎西谷　1987（昭和62）年12月　撮影：山田 進

新6000系8両の各停横浜行。2、3両目は初期形6000系最終グループモハ6145、6144。MMユニットで新6000系の試作車だった。新6000系登場後は新6000系のクハと組んで運行された。
◎西谷　1987（昭和62）年12月　撮影：山田 進

久里洋二氏デザインのグラフィックカー「ほほえみ号」(6718F編成)。横浜駅乗り入れ50周年を記念して1983年12月登場、1991年3月まで運行。◎西谷　1987 (昭和62) 年12月　撮影：山田 進

初期形7000系の急行横浜行。制御電動車 (JR流にいえばクモハ) モハ7000形と中間電動車モハ7100形を横浜方に連結した10両編成。◎西谷　1987 (昭和62) 年12月　撮影：山田 進

5100系8両の各停横浜行。5100系は5000系の台車、機器を再利用し車体を2100系の同様のアルミ車体に更新（車体載せ替え）した車両で1972～75年に登場。全電動車方式で登場時から冷房化され、側窓が自動式下降窓だった。1988～89年にVVVFインバーター制御となり公式には5000系となった。2009年2月に「さよならイベント」が開かれて引退した。
◎西谷　1987（昭和62）年12月　撮影：山田 進

2100系8両の急行横浜行。1970～74年に17m旧形車モハ2000系の台車、機器を再利用して20mアルミ車体に更新（車体載せ替え）した車両。1976～79年に台車を取り換え新性能化され同時に冷房化された。2004年2月に運行が終了した。
◎西谷　1987（昭和62）年12月　撮影：山田 進

初期形6000系も1974年から順次若草色（ライトグリーン）になった。先頭のモハ6000形6017は1965年登場、1997年廃車。
初期形6000系も1980～85年に冷房化されたが、1992～98年に全車が廃車された。
◎西谷　1987（昭和62）年12月　撮影：山田 進

1986年に登場した新7000系。先頭はクハ7700形7713。従来の7000系（初期形）と性能的には変わらないが、正面および
側面のデザインが変わった。新7000系は1988年登場の第14次車（7751Ｆ編成）以降はVVVFインバーター制御となった。
◎西谷　1986（昭和61）年5月　撮影：山田 亮

初期形6000系モハ6000形6005
を先頭にした急行横浜行。1970
年から正面左側に列車種別、運行
番号表示器が取り付けられた。先
頭のモハ6005は1962年登場、
1983年冷房化、1992年廃車。左
側に新6000系が見える。
◎西谷
1986（昭和61）年5月
撮影：山田 進

初期形7000系による各停横浜行。西谷〜二俣川間2.8kmは地下化される計画で2033年度完成予定。鶴ヶ峰は地下化され踏切10ヶ所が廃止される。◎二俣川〜鶴ヶ峰　2003（平成15）年4月　撮影：山田 亮

2002年に登場した10000系。JR東日本E231系をベースとして2100系および新6000系の代替として登場。VVVFインバーター制御で相鉄初のステンレス車体、平行カルダン駆動。車体幅は新6000系と同様の2930mm。列車情報管理装置（TIMS）を採用。登場時の側面にはピーコックグリーンとサフランイエローのラインが入っていたが、後に色調が変わり「SOTETSUブルー」と「SOTETSUオレンジ」に変更され2009年10月に完了した。
◎二俣川〜鶴ヶ峰　2003（平成15）年4月　撮影：山田 亮

新6000系復刻塗装編成。相鉄創立85周年を記念して創立記念日の2002年12月18日から運転開始され2003年11月の「お別れ運転」まで運行された。横浜方クハ6700形6707、上り方クハ6500形6536の8両編成（6707Ｆ編成）。
◎二俣川～鶴ヶ峰　2003（平成15）年4月　撮影：山田 亮

新6000系のアートギャラリー号。西谷～二俣川間は地下化されることになり踏切10ヶ所が撤去される。2033年度完成予定。
◎二俣川～鶴ヶ峰　2003（平成15）年4月　撮影：山田 亮

旧塗装時代の6000系7両編成、各停大和行。先頭はクハ6500形6511。1970年から前面に列車種別、運行番号表示器が取り付けられたが、運転台後ろから前方を眺めるファンにとっては眺めが悪くなった。この場所は二俣川の鶴ヶ峰方で背後の高架橋は開通後間もない保土ヶ谷バイパス。この場所（二俣川の鶴ヶ峰方）には1991年に引上線が設置され4線となった。
◎二俣川　1973（昭和48）年5月6日　撮影：荻原俊夫

相模鉄道の名を一躍有名にしたボディーマウント方式の5000系。丸い急行板を付けた急行海老名行で先頭はモハ5013。
5000系は1972年から75年にかけて台車、機器などを再利用した4ドア、アルミ車体5100系に更新（車体載せ替え）された。
◎二俣川　1973（昭和48）年5月6日　撮影：荻原俊夫

二俣川付近を走るED10形重連が牽引する上り貨物列車。◎二俣川　1973（昭和48）年5月6日　撮影：荻原俊夫

3線2面時代の二俣川駅。1番線（左側）は下り急行およびいずみ野行各停が使用。中線は二俣川折り返し電車およびいずみ野線からの上り各停が使用。4番線（右側）は上り急行が使用。二俣川駅4線2面化工事着手直前の光景。翌1988年6月26日から上り線（4番線）が仮線に切り替えられた。4線2面化は1989年5月に完成。
◎二俣川　1988（昭和63）年6月25日　撮影：山田 亮

二俣川駅改良、4線2面化工事に伴い、上り線（4番線）が仮線に切り替えられる前日の二俣川駅光景。翌日から上り線が画面右方に移動し、仮ホームが設けられた。4線2面化は1989年5月に完成。下り1番線には新6000系の「グリーンボックス号」（車内広告貸切電車）が到着している。
◎二俣川
1988（昭和63）年6月25日
撮影：山田 亮

旧駅舎使用最終日の二俣川駅橋上駅舎。バックには1970年9月開設の二俣川駅ビル「グリーングリーン」があり、右側奥には工事中の仮駅舎、仮改札口が設けられた。二俣川駅の4線2面化は1989年5月に完成したが、駅舎の建て替えは長期間を要し1999年3月に完成した。
◎二俣川
1988（昭和63）年6月25日
撮影：山田 亮

二俣川駅南口を発車する万騎が原団地循環の相鉄バス復刻塗装車。1970年9月開設の二俣川駅ビル「グリーングリーン」ではクリスマスセールを開催中。左側にはさくら銀行（現・三井住友銀行）があり、その右側には駅反対側の丘陵上にある横浜市立二俣川小学校が見える。
◎二俣川駅南口
2000（平成12）年12月
撮影：山田 亮

1967年に登場したアルミカー試作車モハ6000形6021。1998年に廃車。現在ではかしわ台車両センターで保存。
◎希望ヶ丘　1968（昭和43）年1月2日　撮影：荻原二郎

17m釣掛式駆動の2000系は1970年からアルミ車体20mの2100系に車体更新（車体載せ替え）され、台車、機器などは再利用された。2100系に更新されなかった2000系は荷物電車として使用され、1975年から正式に荷電となりモニ2000、クニ2500形となった。先頭のクニ2506（元クハ2506）は1978年に日立電鉄に譲渡。
◎瀬谷〜三ツ境　1974（昭和49）年2月　撮影：山田 亮

旧塗装時代の新6000系4両編成の急行横浜行。1970年代前半の相鉄はデイタイム4両、朝夕ラッシュ時は増結して6〜7両で運転された。新6000系は1970年登場で、前面高運転台、電動車はMMユニット方式、車体幅2930mmで在来線では当時日本最大。電動機出力も130kw（初期形は110kw）と増強された。
◎瀬谷〜三ツ境
1974（昭和49）年2月
撮影：山田 亮

モハ3010形3011を先頭にした上り
横浜行。旧モハ63形などの3000系
20m車は1964〜65年に6000系と
同様の車体に更新（車体を新製して
載せ替え）され、台車、機器などは再
利用され3010系となった。最初に
1964年8月にモハ3001がモハ3011
となり在来の3000系と併結された。
2両目以降はクハ3504、モハ3005、
モハ3004の順である。
◎瀬谷
1964（昭和39）年10月4日
撮影：荻原二郎

二俣川で並ぶ11000系湘南台行「そうにゃん号」と東急5050系4000番台の東横線直通（新横浜から急行）和光市行。「そうにゃん」は相鉄のキャラクター猫で「2014年に相鉄に入社した社員」で広報担当なのだそうだ。
◎二俣川
2023（令和5）年4月
撮影：山田 亮

11000系の特急海老名行。11000系は2009年登場、ステンレス車体、VVVFインバーター制御でJR東日本E233系0番台と基本設計は同じ。車体幅2950㎜。10000系と同じく平行カルダン駆動。
◎三ツ境～瀬谷
2023（令和5）年4月
撮影：山田 亮

ライトグレーに2007年制定のグループカラーであるSOTETSUオレンジとSOTETSUブルーのラインが入った8000系。1990年登場、アルミ合金車体、VVVFインバーター制御、車体幅2930㎜。現在でも「2000年代相鉄カラー」で走っている。
◎三ツ境～瀬谷
2023（令和5）年4月
撮影：山田 亮

相鉄JR直通用12000系による特急（相鉄線内）JR直通新宿行。12000系はJR直通運転用として2019年登場、VVVFインバーター制御、車体幅はE233系と同様の2950㎜。ステンレス車体だが濃紺のYOKOHAMA NAVYBLUE塗装。前面デザインは能面の獅子口をモチーフにした。
◎瀬谷～三ツ境
2023（令和5）年4月
撮影：山田 亮

相鉄線内運用につく東急5080系8両の快速横浜行。東急の車両も相鉄線内だけの運用がある。会社間の走行距離調整が理由。
◎瀬谷～三ツ境
2023（令和5）年4月
撮影：山田 亮

2019年11月から乗り入れを開始したJR東日本E233系7000番台10両編成。川越車両センター（都ハエ）所属で川越線、埼京線（赤羽線）、山手線、東海道線経由で羽沢横浜国大から相鉄に乗り入れる。
◎三ツ境～瀬谷
2023（令和5）年4月
撮影：山田 亮

新横浜線開業の記念ステッカーを前面に付けた相鉄21000系の快速横浜行。新横浜線開業日に新横浜発上り1番電車を務めた21102F編成。21000系は2021年登場、東急目黒線直通用で8両編成。20000系（2018年登場、東横線直通用10両編成）と同じアルミ合金車体で濃紺のYOKOHAMA NAVYBLUE塗装。性能も20000系と同じでVVVFインバーター制御。車体幅は東急にあわせて2770㎜。
◎瀬谷～三ツ境
2023（令和5）年4月
撮影：山田 亮

東急目蒲線へ直通する西高島平行。東急3000系の8両編成。相鉄本線（海老名発着）と東急の直通電車は目黒線直通が主体である。
◎三ツ境～瀬谷
2023（令和5）年4月
撮影：山田 亮

若草色（ライトグリーン）の新6000系8両の各停横浜行。初期形6000系は1992～98年に全車廃車されたが、新6000系はその後も大部分が健在だったが9000系、10000系の増備で2000年から廃車が進み2003年8月のダイヤ改正で定期運用がなくなり、同年秋に引退した。
◎大和～瀬谷
2000（平成12）年12月
撮影：山田 亮

大和トンネルをでる新6000系の緑園都市号。柳原良平氏デザインで横浜方先頭のクハ6700形6717は帆船日本丸を、2両目のモハ6300形6325は横浜港の氷川丸をアレンジしている。
◎大和～瀬谷
2000（平成12）年12月
撮影：山田 亮

大和地下トンネルをでる初期形7000系10両の各停横浜行。7000系（初期形）は1975年登場で2100系、5100系のアルミ車体と新6000系の走り装置を組み合わせ「70年代相鉄スタイル」を確立した。1983～85年には制御電動車モハ7000形が登場しモハ7100と組んで横浜方に連結され10両編成化された。
◎大和～瀬谷
2000（平成12）年12月
撮影：山田 亮

大和の地下トンネルをでる新7000系10両の各停横浜行。1993年8月に大和は地下化され、1994年10月に大和新駅舎が完成した。大和駅地下化に伴い、大和駅の前後1090mが地下化され、工事区間は1640mである。
◎大和～瀬谷
2000（平成12）年12月
撮影：山田 亮

旧小田急のモハ1000形を荷電化したモニ1000形1007。塗色はED10形と同じく暗褐色（エビ茶色）
◎かしわ台工機所（現・かしわ台車両センター）　1967（昭和42）年10月8日　撮影：矢崎康雄

旧青梅電気鉄道のモハ2000形2014。1938年川崎車輛製で青梅時代はモハ106。相鉄に転入後はモワ3となって貨車を牽
引し1953年にモハ2014となる。窓が小さい独特の形態だが1969年頃まで使われた。
◎かしわ台工機所（現・かしわ台車両センター）　1967（昭和42）年10月8日　撮影：矢崎康雄

10000系10両編成の快速横浜行。10000系は2002年登場、ステンレス車体、VVVFインバーター制御、車体幅2930mm。JR東日本E231系と基本設計は同じで、相鉄ではこの系列から平行カルダン駆動となった。YOKOHAMA NAVYBLUE塗装への変更が始まっている。◎かしわ台　2023（令和5）年4月　撮影：山田 亮

9000系の特急横浜行。9000系は1993年登場、アルミ合金車体、VVVFインバーター制御、車体幅2900mm。性能的には8000系と大差ないが電動機出力が180kwで東急車輌製（8000系は150kw、日立製作所製）この系列までが相鉄伝統の直角カルダン駆動。登場時はアイボリーホワイトに赤帯の入る塗装、その後はライトグレーに青とオレンジラインの入った塗装になったが、現在ではYOKOHAMA NAVYBLUE塗装となった。◎かしわ台　2023（令和5）年4月　撮影：山田 亮

相鉄線内運用につく東横線用5050系4000番台10両の快速海老名行。側面窓上のラインはピンクで東横線であることを示している。
◎かしわ台〜海老名
2023（令和5）年4月
撮影：山田 亮

東急目黒線直通の東急5080系8両の西高島平行。側面窓上のラインは濃紺（ダークブルー）で目蒲線であることを示している。
◎かしわ台〜海老名
2023（令和5）年4月
撮影：山田 亮

かしわ台に到着するJR東日本Ｅ233系7000番台の特急（相鉄線内）JR直通新宿行。秩父の山々が見える川越車両センターのＥ233系7000番台が丹沢大山を望む海老名まで出張する。
◎かしわ台
2023（令和5）年4月
撮影：山田 亮

移転前の海老名で並ぶ相鉄5000系と6000系。写真左には小田急2200系の回送列車が見える。海老名では相鉄と小田急は
線路がつながっていたが、相鉄の本厚木乗り入れ中止（1964年11月4日限りで中止）に伴い分離された。海老名は1973年
12月南西に300m移動して橋上駅となり、相鉄と小田急の改札も分離された。
◎海老名　1973（昭和48）年5月6日　撮影：荻原俊夫

貨物線との分岐点、相模国分信号場付近で貨物線から本線に合流する緑園都市号さよなら臨時列車（6717F編成、横浜方ク
ハ6700形6717を示す）。新6000系お別れ運転当日、緑園都市号は貨物線に乗り入れて横浜～厚木～かしわ台間に貸切列車
（事前応募）として運行の後、二俣川～湘南台間を一般客を乗せて2往復した。
◎かしわ台～海老名　2003（平成15）年11月2日　撮影：山田 亮

小田急と国鉄相模線の交差地点を行く小田急乗入れの相鉄2000系（車体更新車）3両編成の本厚木行。先頭のモハはパンタグラフをたたみ1M2Tでの運転でノロノロ運転だったはずである。相鉄の本厚木乗り入れは1964年11月4日まで行われた。手前の小田急と相模線の連絡線脇には小田急の移動変電車イへ910形911とイへ900形901が留置。手前側がイへ901で変圧設備の載っている無蓋車と連接車になっている。
◎厚木
1964（昭和39）年11月3日
撮影：荻原二郎

相模国分付近を行くED10形13単行。相模国分〜厚木間貨物線と思われる。ED10形は4両あり、ED11（1952年）、ED12（1953年）に続き1954年にED13が製造された。最後のED14は1965年の製造である。ED10形の台車、電動機はモハ3000形から転用された。◎相模国分付近　1964（昭和39）年11月3日　撮影：荻原二郎

車体更新のため碑文谷（東横線学芸大学～都立大学間）にあった東横車輌工業（現・東急テクノシステム）に回送途中の相鉄モハ2000形2005。厚木（相模線）八王子（横浜線）菊名のルートで回送され、菊名の貨物ホームで待機。回送に際しパンタグラフは外されている。このモハ2000形2005は戦災国電モハ30形（後の形式はクモハ11形100番台）を1949年に復旧した車両で両運転台だった。◎菊名　1963（昭和38）年2月2日　撮影：荻原二郎

いずみ野線

東横線から直通する5050系4000番台の湘南台行。東横線方面からの相鉄直通はいずみ野線湘南台発着が主体である。
◎南万騎が原　2023（令和5）年4月　撮影：山田 亮

若草色（ライトグリーン）の新6000系快速横浜行。快速はいずみ野線湘南台開通に先立つ1999年2月27日改正で横浜～いずみ中央間に登場し、停車駅は星川、鶴ヶ峰、二俣川、いずみ野線内各駅だった。同年3月10日にいずみ中央～湘南台間開通で横浜～湘南台間運転になった。◎緑園都市　1999（平成11）年3月　撮影：山田 亮

2100系10両の各停いずみ中央行。先頭はクハ2600形2609。2100系は1970年から17m釣掛式駆動の2000系の台車、機器などを再利用してアルミ車体に更新（車体載せ替え）した車両。後に台車、機器を取り換え高性能化、冷房化された。アルミ車体、前面高運転台の「70年代相鉄スタイル」で5100系、7000系に受け継がれた。
◎緑園都市　1999（平成11）年2月　撮影：山田 亮

新6000系「アートギャラリー」号による快速横浜行。芸術家池田満寿夫氏（1934〜1997）デザインで1989年3月に運転開始され、2003年8月まで運行された。この編成（6713F編成）は上り方先頭がクハ6700形6713、下り方先頭がクハ6500形6542。◎緑園都市　1999（平成11）年3月　撮影：山田 亮

柳原良平氏デザインの緑園都市号。編成全体に横浜の風物が描かれていて、下り方先頭のクハ6500形6541と2両目のモハ6300形6324はいずみ野線沿線風景をイメージして描かれている。◎緑園都市　2000（平成12）年12月　撮影：山田 亮

池田満寿夫氏デザインのアートギャラリー号、各停横浜行。前衛的なデザインである。6713Ｆ編成（横浜方がクハ6700形6713）◎緑園都市　2000（平成12）年12月　撮影：山田 亮

いずみ野線いずみ中央～湘南台間開通の1999年3月10日に運転された9000系による開業記念電車。9702F編成（横浜方がクハ9700形9702）。◎緑園都市　1999（平成11）年3月　撮影：山田 亮

2013年4月から7月まで運転された円谷プロダクションと提携した「走るウルトラヒーロー号」10000系10両編成（10508F編成）。◎緑園都市　2013（平成25）年7月　撮影：山田 亮

相鉄いずみ野線湘南台開業のポスター。平成11（1999）年3月10日開業、快速運転開始、湘南台～横浜間29分をPRしている。
◎緑園都市　1999（平成11）年3月　撮影：山田 亮

関東の駅100選にも選ばれたゆめが丘駅。カーブした鉄骨で支えられたホーム上屋が特徴。湘南台行12000系と東急東横
線直通の20000系がすれ違う。駅周辺は市街化調整区域で農地が広がるが、2024年夏を目標に大型商業施設の建設が進む。
◎ゆめが丘　2023（令和5）年4月　撮影：山田 亮

ゆめが丘を発車する緑園都市号さよなら臨時列車。2003年11月2日、緑園都市号と新6000系復刻塗装編成がさよなら臨時電車として運転され、この日を最後に引退した。◎ゆめが丘　2003（平成15）年11月2日　撮影：山田 亮

ゆめが丘発車のステンレス車体の10000系10両編成。側面の帯色は登場時の色調（ピーコックグリーンとサフランイエロー）で現在とは異なる。◎ゆめが丘　2003（平成15）年11月2日　撮影：山田 亮

復刻塗装の新6000系さよなら臨時電車（6707Ｆ編成）。2003年11月2日、この編成はかしわ台〜厚木（貨物線乗り入れ）をスタンプラリー貸切として1往復した後、二俣川〜湘南台間を一般客を乗せて3往復した。
◎ゆめが丘
2003（平成15）年11月2日
撮影：山田 亮

関東の駅百選に選ばれたゆめが丘を発車する新7000系「グリーンボックス号」（車内広告貸切電車）。後方に見える橋はゆめが丘の北で環状4号線（横浜主要地方道18号線）を越えるニールセン・ローゼ橋。
◎ゆめが丘
2003（平成15）年11月2日
撮影：山田 亮

ゆめが丘を発車してニールセン・ローゼ橋を渡る東横線直通（新横浜から急行）5050系4000番台の川越市行。「相鉄線東横線つながる」の記念ヘッドマーク付き。駅周辺は市街化調整区域で開通以来20年以上空き地が広がっていたが2024年夏を目標に大規模商業施設の建設が進む。
◎ゆめが丘
2023（令和5）年4月
撮影：山田 亮

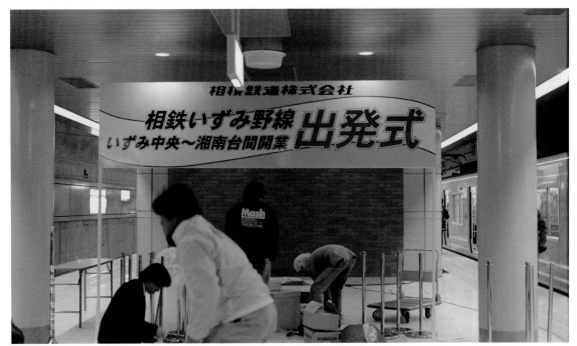

いずみ野線湘南台開業当日の光景で出発式の準備中。相鉄湘南台駅は地下3階にある。湘南台から先は慶応義塾大学湘南藤沢キャンパス（通称SFC）付近を経由して新幹線新駅が予定される相模線倉見までの延長計画があるが、具体化していない。
◎湘南台　1999（平成11）年3月10日　撮影：山田 亮

相鉄新横浜線

開業日（2019年11月30日）の前日に撮影した羽沢横浜国大駅。相鉄JR直通運転に伴いJR横浜羽沢貨物駅に隣接して設置。横浜国立大学キャンパスは南へ15分の場所にある。◎羽沢横浜国大　2019（令和元）年11月29日　撮影：山田 亮

JR新横浜駅コンコースに掲げられた「つながる」の大垂れ幕。相鉄キャラクター「そうにゃん」、東急キャラクター「のるるん」が描かれている。◎新横浜　2023（令和5）年3月17日　撮影：山田 亮

JR新横浜駅コンコースに掲げられた「相鉄新横浜線・東急新横浜線、新横浜駅開業」の大垂れ幕。
◎新横浜　2023（令和5）年3月17日　撮影：山田 亮

2023年3月18日早朝、新横浜駅3、4番線ホームで行われた新横浜線出発式。左から花束を持つ丸山雄二相鉄新横浜駅長と金子進東急新横浜駅長、「そうにゃん人形」を持つ千原広司相模鉄道㈱社長。画面左側に上り1番電車が停車。
◎新横浜
2023（令和5）年3月18日
撮影：山田 亮

相鉄、東急新横浜線開業日早朝の新横浜駅。4番線に5時08分発の東急新横浜線上り1番電車浦和美園行が停車中。先頭車付近は1番電車を撮影するファンが集まり立錐の余地がない。上り始発電車は本来の運用は東急車だがこの日は相鉄21000系21102F編成が使用された。
◎新横浜
2023（令和5）年3月18日
撮影：山田 亮

新横浜発の相鉄新横浜線下り1番電車奥沢発海老名行。東急3000系3104F編成で1番線から定刻5時18分を数分遅れて発車。先頭車は初乗りファンで超満員だった。
◎新横浜
2023（令和5）年3月18日
撮影：山田 亮

横浜～和田町(1929年)

帝国陸軍参謀本部陸地測量部発行「1/25000地形図」

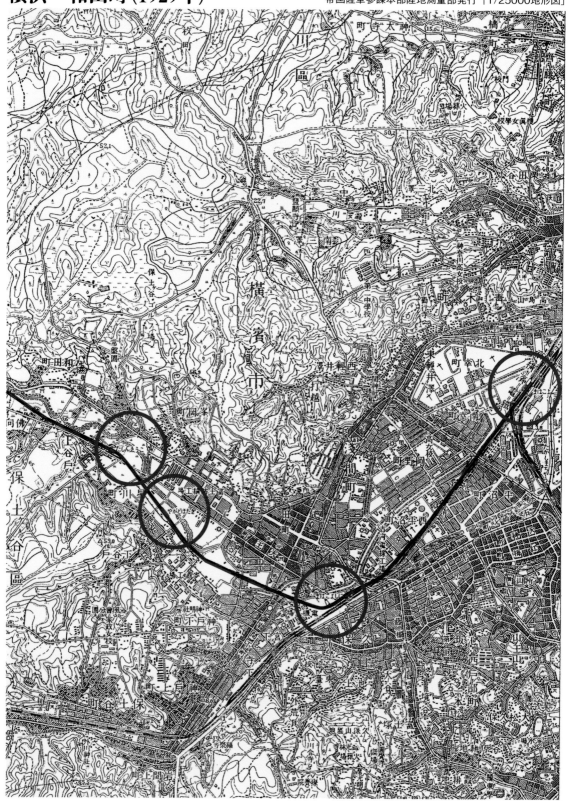

国鉄(省線)横浜駅が現在地に移転した直後の地図である。「駅裏」(西口)は広大な空き地だった。旧横浜駅(二代目)は右上に見える高島町付近にあり、西横浜付近の国鉄線沿いの空白は東海道旧線の跡地である。東急(東京横浜電鉄)は高島町までで、京急(京浜電気鉄道)はまだ建設されていない。相鉄は駅名が北程ヶ谷(星川)、公園下(和田町)となっていて、横浜へは延長されていない。西横浜、星川周辺は工場地帯である。「西戸部町」の左側「第一中学」は県立一中(通称ジンチュウ)で、戦後、相鉄沿線へ移転し希望ヶ丘高校になった。

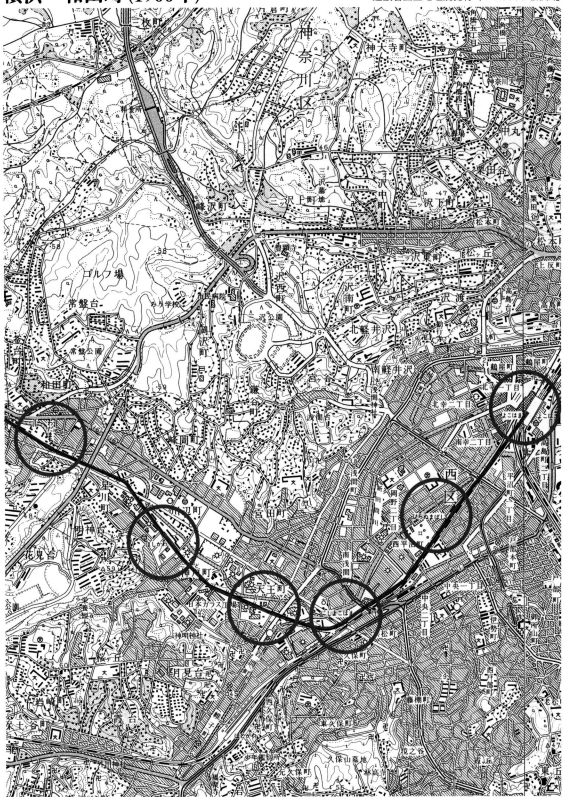

横浜駅西口は商業地になっている。京急は野毛山にトンネルが掘られ横浜～黄金町間が建設された。東急は桜木町まで延長され、横浜市電も健在である。「藤棚町」の右側の建物群はかつての県立一中の跡地で神奈川県職員アパートになっている。相鉄西横浜～星川の南側にある日本ガラス工場は現在ではYBP横浜ビジネスパークである。左上には東海道新幹線が開通。ゴルフ場（程ヶ谷カントリー倶楽部）は旭区上川井に移転し、跡地には1979年に横浜国立大学が移転した。

帝国陸軍参謀本部陸地測量部発行「1/25000地形図」

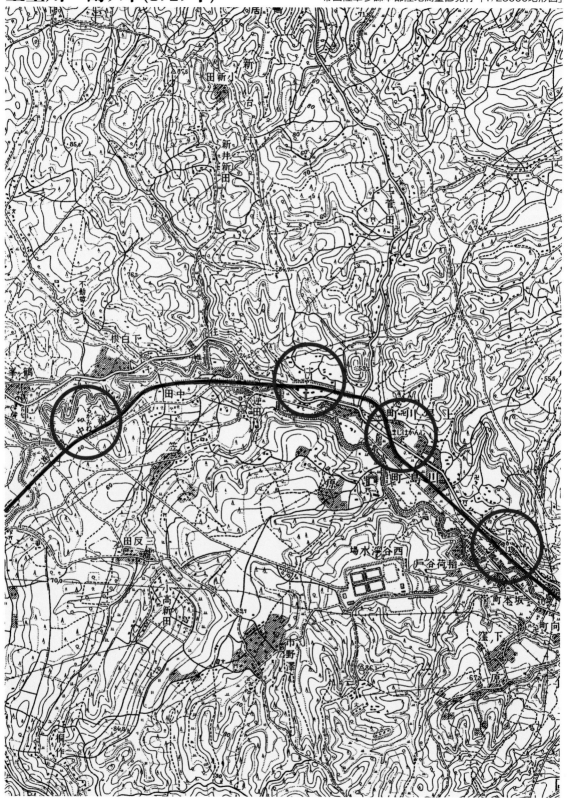

相鉄は「神中鉄道」と表示。星川は現在の上星川。星川（現・上星川）〜西谷間に新川島駅があった。星川（現・上星川）の西側には西谷浄水場（1915年開設）がある。

上星川〜鶴ヶ峰（1966年）

建設省国土地理院発行「1/25000地形図」

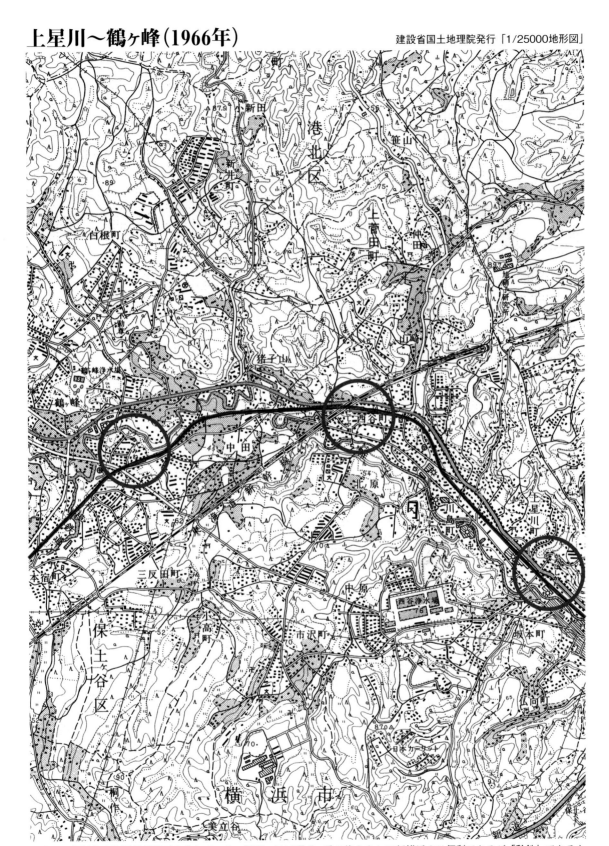

西谷では相鉄と東海道新幹線が交差している。横浜へは10数分、乗り換えなしで新横浜より便利であるが「私鉄」であるため一顧だにされなかった。西谷〜鶴ヶ峰間では帷子川が蛇行しているが、現在では河川改良（直線化）された。

二俣川〜三ツ境(1929年)

帝国陸軍参謀本部陸地測量部発行「1/25000地形図」

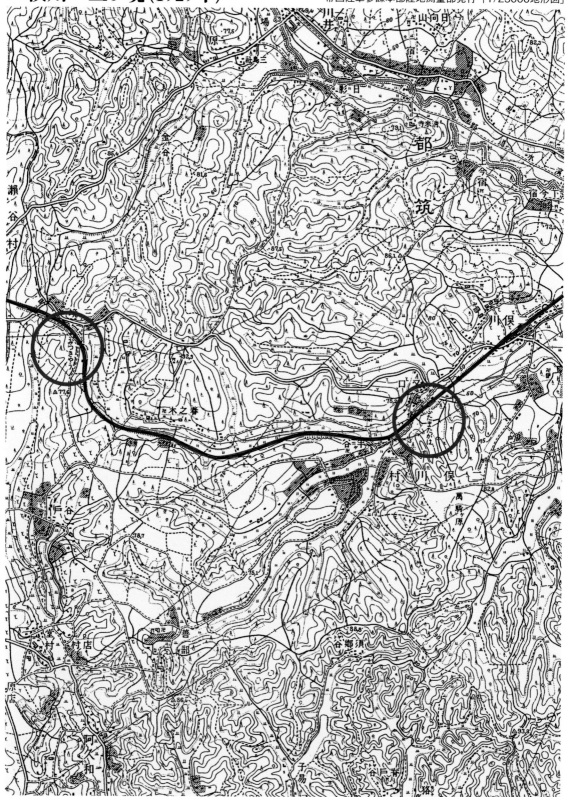

二俣川〜三ツ境間には駅がない。神中線（相鉄）最高地点の三ツ境へは上り勾配であることがわかる。二俣川は当時から集落があった。南側の萬騎ヶ原は畠山重忠ゆかりの地で、台地上の原野である。希望ヶ丘付近には厚木街道があるだけで集落すらない。

二俣川〜三ツ境(1966年)

建設省国土地理院発行「1/25000地形図」

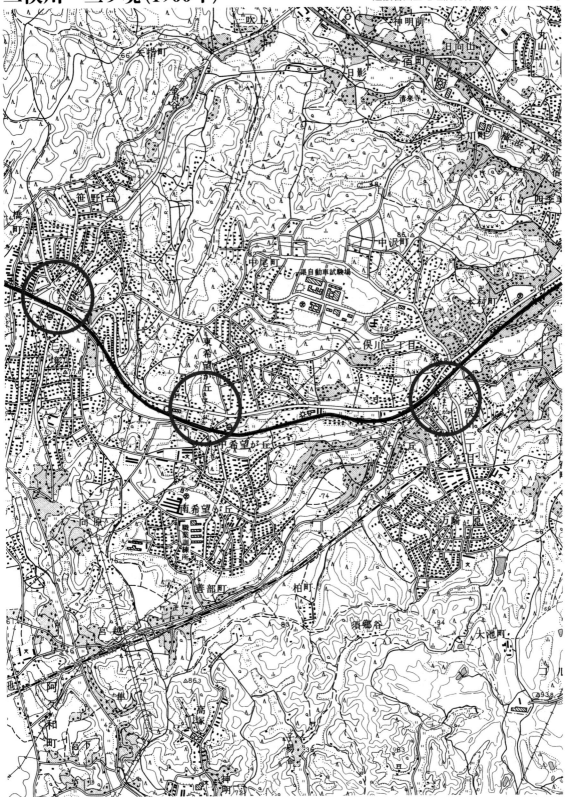

二俣川〜三ツ境間に希望ヶ丘駅が開設されている。希望ヶ丘の南側は住宅地として開発され県立希望ヶ丘高校(1970年代までは地元ではジンチュウをもじってジンコウと呼ばれた)と神奈川総合高等職業訓練校(現・ポリテクセンター関東)がある。いずれも相鉄が誘致したものである。万騎が原の西側には新幹線とアンダークロスする道路があるが、後にいずみ野線線路敷に転用された。二俣川の北西側には運転免許試験場、成人病センター(現・がんセンター)など神奈川県の施設が集まっている。

瀬谷〜大和(1929年)

帝国陸軍参謀本部陸地測量部発行「1/25000地形図」

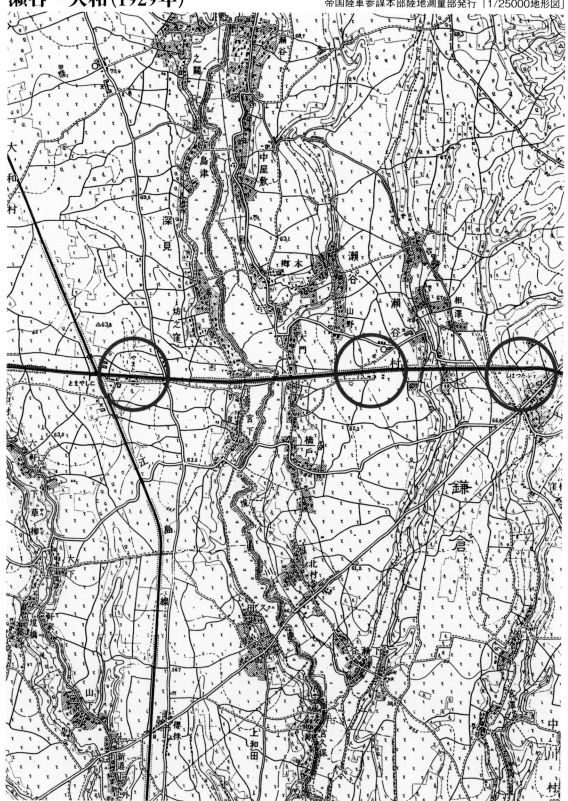

三ツ境〜瀬谷間の中原街道との交差点付近には二ツ橋駅がある。瀬谷周辺には集落があり、北側には古刹である相澤山長天寺がある。大和では小田急(当時は小田原急行鉄道)江ノ島線と交差するが、先に開通した神中線の上を小田急は築堤で越えている。神中の大和と小田急の西大和はやや離れているが、付近には集落すらない。

瀬谷〜大和（1966年）

建設省国土地理院発行「1/25000地形図」

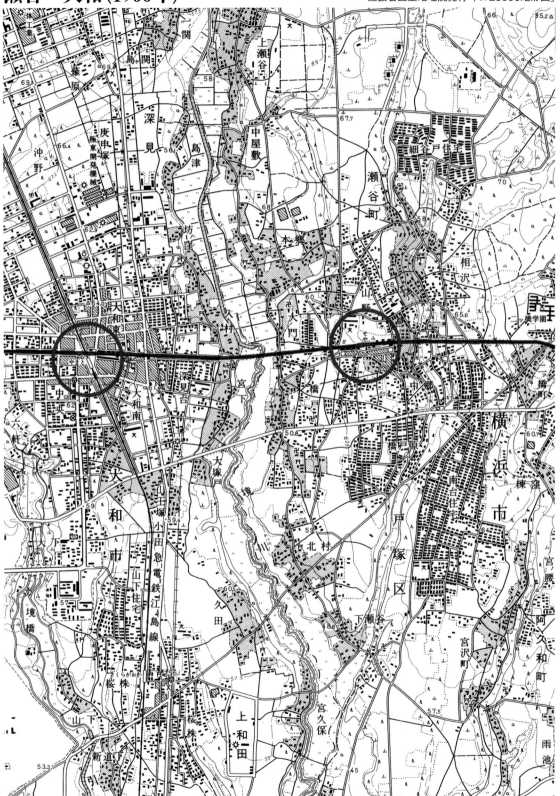

相鉄の大和は1944年に小田急と交差地点に移った。大和駅周辺は市街地化されている。瀬谷も北側と南側に住宅地が開発されている。瀬谷のすぐ西側を北上する直線道路は今でも海軍道路と呼ばれる。戦時中に旧海軍の弾薬庫が設置され瀬谷から引込線が設置された。戦後は米軍に接収され上瀬谷通信施設になったが、2015年6月に日本側に返還された。瀬谷〜大和間で相鉄と交差する境川は横浜市と大和市の境であり、後に河川改良で直線化された。

相模大塚（1929年）

帝国陸軍参謀本部陸地測量部発行「1/25000地形図」

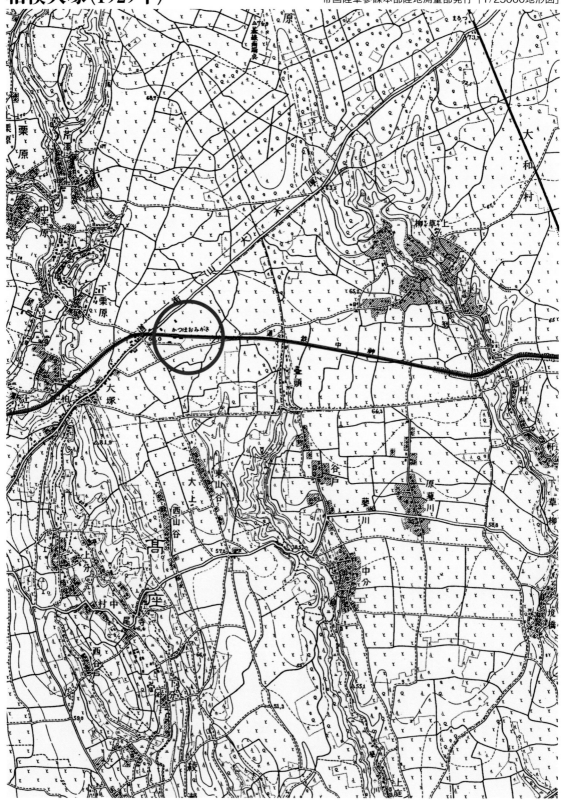

地図上の相模大塚は現在のさがみ野駅の場所にあった。戦時中の1943年頃に現在地（「臺頭」の東側）に移転。南側の平坦地には畑地が広がっている。後に旧海軍厚木航空基地が建設された。左側の「柏ヶ谷」（右から横書きで表示）付近に1946年に大塚本町駅が設置された。

相模大塚（1966年）

建設省国土地理院発行「1/25000地形図」

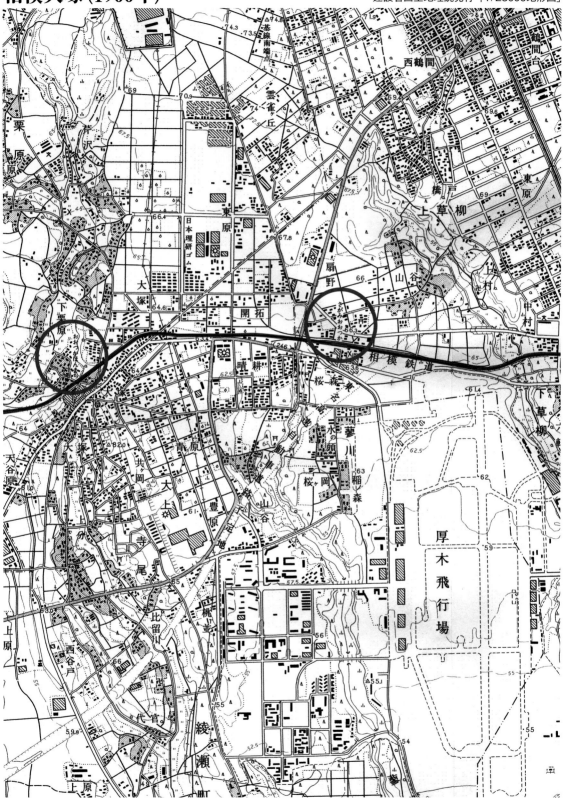

左側に大塚本町駅が開設され、相模大塚駅は東側に移転している。相模大塚〜大塚本町間に駅はない。地図の右上から左下へ東名高速道路予定地が縦断し、相模大塚の東側で相鉄とアンダークロスする。右下には戦時中の1941年に旧海軍厚木航空基地として完成した米軍厚木基地(現在は海上自衛隊と共用)が広がり、相模大塚の西側から専用線が基地まで分岐している。相模大塚の北西へは線路が敷設されているが、これは戦時中に開設された高座海軍工廠への専用線である。現在では工業団地になっている。

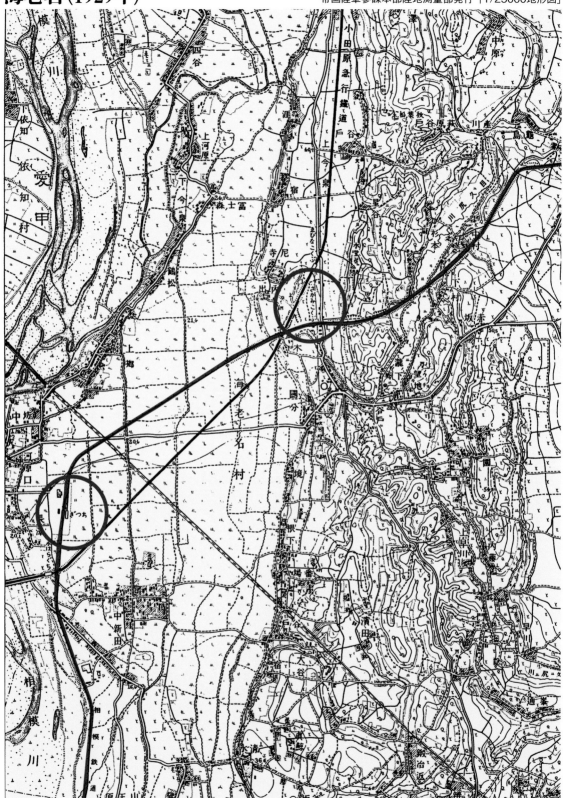

相模鉄道、神中鉄道、小田原急行鉄道が開通している。神中鉄道には相模国分駅、小田急には海老名国分駅がある。神中の相模国分から厚木までの線が現在の貨物線で、厚木で当時の相模鉄道と接続しているが、小田急の河原口駅はやや離れていた。相模鉄道の厚木以北は建設されていない。海老名一帯は一面の田園で1960年代までこの状態だった。地図の左下を横断する直線道路は横須賀水道道で相模原市半原付近から横須賀市逸見付近まで水道管が敷設されていた（現在は廃止）。

海老名（1966年）

建設省国土地理院発行「1/25000地形図」

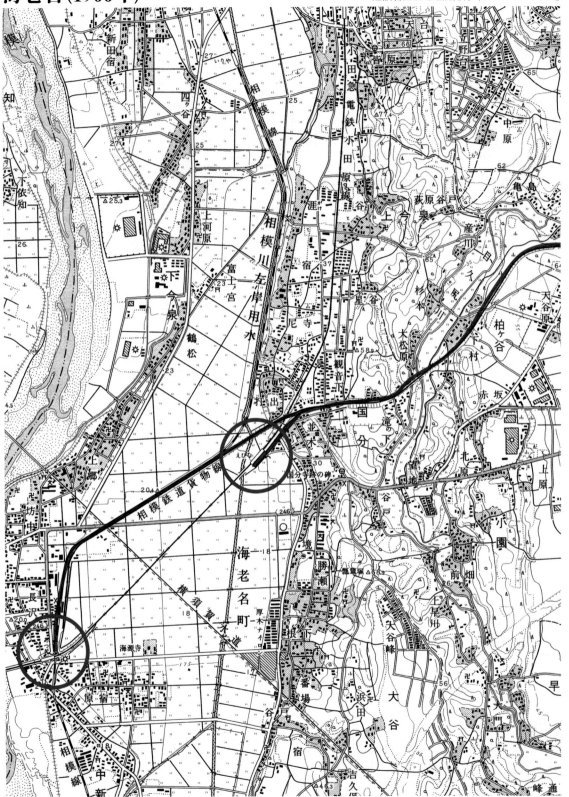

相鉄と小田急の海老名駅が設置され接続駅になっている。相模国分（信号場）から貨物線が厚木へ延び、国鉄相模線（相模鉄道が建設）が平行している。1987年に相模線にも海老名駅が設置され相鉄、小田急、JRの総合駅になった。相模線厚木駅は小田急との交差地点に移転し、以前の厚木駅は貨物駅になり、ここで相鉄と貨車を中継した。海老名駅東部の段丘には海老名国分寺の跡があり国分寺台と呼ばれる。

南万騎が原〜いずみ中央(1993年)

建設省国土地理院発行「1/25000地形図」

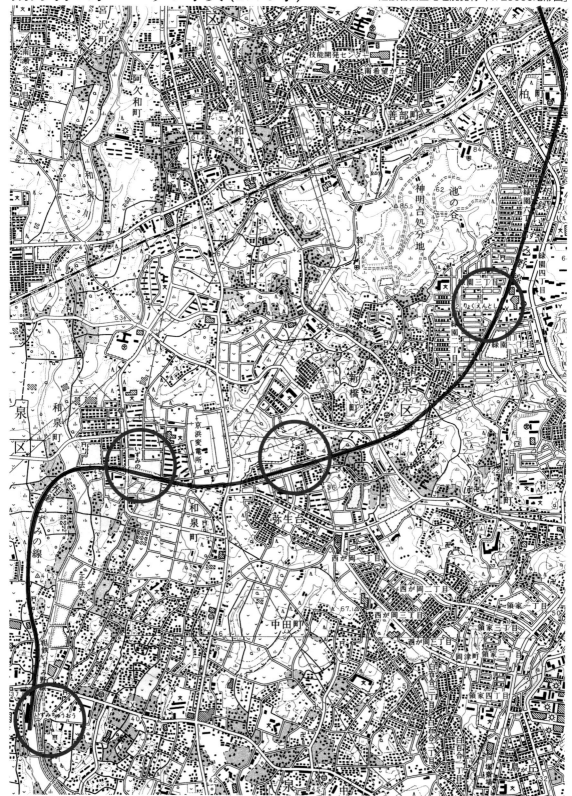

右上は相鉄いずみ野線が東海道新幹線と交差しているが、アンダークロスしていた道路を線路敷に転用した。起伏の激しい丘陵地帯をトンネルと高架橋で突破している。緑園都市、弥生台、いずみ野は相鉄が開発した住宅地が広がる。いずみ野から線路は南に向かいいずみ中央に達する。

いずみ中央〜湘南台（1993年）

建設省国土地理院発行「1/25000地形図」

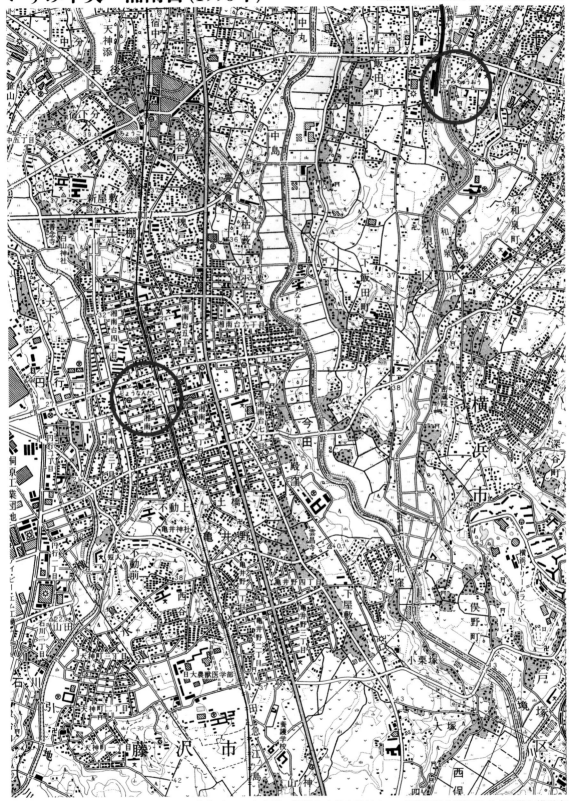

いずみ中央は長後街道沿いで古くからの集落があるが、相鉄が開発した住宅地はない。下飯田町付近にゆめが丘駅と横浜市営地下鉄ブルーラインの下飯田駅がある。境川を渡り、地下線になって湘南台に達する。

69

相模鉄道の年表

1915（大正4）年6月25日	鉄道院に対して、神奈川県中央の郡部有志23人が「神中軌道敷設特許請願書」を提出。
1916（大正5）年6月26日	相模鉄道（現・JR相模線）の発起人36人に茅ケ崎〜橋本間の軽便鉄道免許が交付される。
1917（大正6）年12月2日	神奈川県鎌倉郡瀬谷村（現・横浜市瀬谷区）で神中軌道創立総会が挙行される。
1917（大正6）年12月18日	神奈川県茅ケ崎町（現・茅ケ崎市）で相模鉄道の創立総会が挙行される。
1918（大正7）年11月24日	神中軌道の第1回株主総会で商号を神中鉄道に変更することが決議。軌間が1067mmに決定。
1921（大正10）年9月28日	相模鉄道の茅ケ崎〜寒川間が開業。茅ケ崎、香川、寒川の各駅が開業する。
1925（大正14）年1月29日	神中鉄道に対し、二俣川と久保町（現・横浜市西区久保町）を結ぶ鉄道敷設免許が交付される。
1925（大正14）年3月17日	神中鉄道に対し、相陽鉄道から譲渡された平塚〜伊勢原〜厚木間および伊勢原〜大山間の免許が交付される。
1925（大正14）年7月	相模鉄道の申請で省線汐留駅に砂利荷揚場が設置される。
1926（大正15）年5月12日	神中鉄道の二俣川〜厚木間が開業。二俣川、三ツ境、二ツ橋（後に廃止）、瀬谷、大和、相模大塚、相模国分（現・相模国分信号所）、厚木の各駅が開業。これに伴い砂利の採取と販売を開始。
1926（大正15）年12月1日	神中鉄道の二俣川〜星川（現・上星川）間が延伸開業。星川駅、西谷駅が開業。
1927（昭和2）年5月31日	神中鉄道の星川〜北程ケ谷（現・星川）間が延伸開業。
1927（昭和2）年7月	相模鉄道が新磯村および麻溝村（ともに現・相模原市）で砂利採取権利地約122万㎡を買収。
1929（昭和4）年1月22日	神中鉄道の中新田口駅（後に廃止）が開業。
1929（昭和4）年2月14日	神中鉄道の北程ケ谷〜西横浜間が開業。
1929（昭和4）年4月	神中鉄道がガソリン自動客車を導入する。
1930（昭和5）年9月10日	神中鉄道の天王町駅、常盤園下（現・和田町）駅が開業。翌月25日には鶴ケ峰駅が開業。
1931（昭和6）年4月29日	相模鉄道の厚木〜橋本間が開業して茅ケ崎〜橋本間が全通。
1931（昭和6）年10月25日	神中鉄道の西横浜〜平沼橋間が開業。
1933（昭和8）年4月1日	神中鉄道の北程ケ谷駅を星川駅、星川駅を上星川駅と改称。
1933（昭和8）年12月27日	神中鉄道の横浜〜平沼橋間が開業し、厚木〜横浜間が全通。
1934（昭和9）年8月20日	神中鉄道が平沼橋〜西横浜間に古河電線駅（後に廃止）を開業。
1935（昭和10）年11月2日	相模鉄道の茅ケ崎〜橋本間でディーゼル電動客車が営業運転を開始。
1936（昭和11）年1月15日	相模鉄道が橋本を経て省線八王子駅への乗り入れ開始。
1939（昭和14）年11月20日	東京横浜電鉄（現・東京急行電鉄）の五島慶太が神中鉄道の取締役社長に就任。
1941（昭和16）年11月25日	神中鉄道の相模国分〜海老名間を開業。これに伴い、厚木〜相模国分間の旅客営業を廃止。厚木〜中新田口間廃止。
1942（昭和17）年6月1日	神中鉄道の横浜〜西谷間が電化。
1943（昭和18）年4月1日	相模鉄道が神中鉄道を合併。東急小田原線相模厚木（現・小田急小田原線本厚木）駅への乗り入れを一時中止（1945年12月25日再開）。
1943（昭和18）年8月1日	相模鉄道の西谷〜二俣川間が電化。
1943（昭和18）年12月23日	相模鉄道の相模大塚〜海老名間が電化。
1944（昭和19）年6月1日	相模鉄道の茅ケ崎〜橋本間および寒川〜四之宮貨物駅間が国有化、相模線（現・JR相模線）となる。大和駅が相模大塚寄りに移転し、小田急江ノ島線との乗換駅となる。
1944（昭和19）年9月20日	相模鉄道の二俣川〜相模大塚間が電化。これにより本線が全線で電化。
1945（昭和20）年6月1日	相模鉄道が経営を東京急行電鉄に委託。
1946（昭和21）年3月1日	柏ケ谷駅が開業。翌月、大塚本町（現・かしわ台）駅と改称。
1946（昭和21）年12月26日	横浜〜二俣川間の架線電圧が1500Vに昇圧。
1947（昭和22）年5月31日	東京急行電鉄への経営委託を解除。
1948（昭和23）年5月26日	希望ケ丘駅が開業
1949（昭和24）年4月2日	二俣川変電所が完成。
1949（昭和24）年8月1日	相模国分〜厚木間の貨物線を除き、全線に単線自動閉塞信号装置が設置。3両編成が運転開始。
1951（昭和26）年11月18日	西横浜〜上星川間が複線化。
1952（昭和27）年8月15日	休止中の常盤園下駅を移転し、和田町駅として営業再開。
1953（昭和28）年11月1日	横浜〜西谷間で5分間隔の折り返し運転開始。
1955（昭和30）年12月	5000系（初代）電車が登場。
1956（昭和31）年4月2日	横浜駅西口に名品街と髙島屋ストア（後の横浜髙島屋）がオープン。
1957（昭和32）年1月18日	横浜〜西横浜間が複線化。
1957（昭和32）年2月20日	初の準急が横浜〜海老名間で運転開始。
1960（昭和35）年11月1日	横浜〜海老名間で「おかいもの電車」が運転。
1961（昭和36）年10月21日	6000系電車が登場。
1962（昭和37）年11月23日	民衆駅方式で横浜ステーションビル（現・シァル）が開業。
1964（昭和39）年3月10日	鶴ケ峰〜二俣川間に初めてコンクリート製の枕木（PC枕木）を使用。
1964（昭和39）年4月28日	1962年の鶴ケ峰に続き二俣川を橋上駅舎化。初の軟式乗車券自動印刷発売機を設置。
1964（昭和39）年11月5日	大和〜相模大塚間が複線化。準急を急行として運転開始。小田急小田原線本厚木駅への直通運転が廃止。

1966（昭和41）年4月1日	相模大塚〜大塚本町間が複線化。
1966（昭和41）年11月7日	平日の日中に急行が運転開始。
1968（昭和43）年3月27日	天王町駅付近の高架化と立体交差化が完成。
1968（昭和43）年12月26日	二俣川〜大和間でATS（自動列車停止装置）の使用開始。
1970（昭和45）年5月29日	2100系アルミ車が登場。
1970（昭和45）年7月10日	6000系（2代目）電車が登場。
1970（昭和45）年11月9日	7両編成が運転開始。
1971（昭和46）年5月10日	相鉄新線（現・いずみ野線）の第1期工事が着工。
1971（昭和46）年7月3日	6000系（2代目）電車に初の冷房車が登場。
1972（昭和47）年8月6日	5100系電車に初の自動開閉窓付車両が登場。
1973（昭和48）年11月20日	新相鉄ビルが「相鉄ジョイナス」の愛称で開業。
1974（昭和49）年3月28日	相模国分信号所〜海老名間を複線化して全線複線化が完成。
1974（昭和49）年8月8日	二俣川駅に県下私鉄初の視覚障害者用点字ブロックが設置される。
1975（昭和50）年4月22日	5000系電車のアルミ化が完了。
1975（昭和50）年8月17日	8両編成が運転開始。大塚本町駅を移転してさがみ野駅に改称。かしわ台駅が開業。
1975（昭和50）年9月	7000系電車が登場。
1975（昭和50）年12月15日	シルバーシートを設置。
1976（昭和51）年4月8日	二俣川〜いずみ野間にいずみ野線が開業。南万騎が原、緑園都市、弥生台、いずみ野の各駅が開業。
1978（昭和53）年10月	初の60kgレールを平沼橋〜西横浜間、上星川〜西谷間に敷設。
1981（昭和56）年4月6日	朝の急行4本で10両編成運転を開始。
1982（昭和57）年4月1日	二俣川駅に新型定期券発行機を増設。
1983（昭和58）年12月10日	横浜駅乗り入れ50周年を記念して「ほほえみ」号が運転開始。
1984（昭和59）年2月3日	神中鉄道時代の花形客車「ハ20形ハ24号」がかしわ台電車基地に保存される。
1984（昭和59）年5月16日	横浜駅に初の回数券自動発売機が設置される。
1984（昭和59）年10月	平沼橋駅のホーム延長工事が開始される。
1985（昭和60）年1月18日	全駅のホームに誘導ブロックが設置。
1986（昭和61）年4月6日	7000系（2代目）電車が登場。
1986（昭和61）年6月16日	ITC（総合列車運行管理装置）の本格使用が開始。これに伴い、普通列車の10両編成が運転開始。
1987（昭和62）年3月20日	全列車を冷房車化。
1987（昭和62）年4月13日	緑園都市駅に日本初のタッチパネル式自動券売機が設置される。
1988（昭和63）年3月31日	三ツ境駅3号踏切の立体化工事が完成。
1988（昭和63）年6月16日	他の車両よりも冷房温度設定を2℃上げた弱冷房車が登場。
1989（平成1）年4月20日	7000系電車に相鉄初のセミクロスシート車が登場。
1990（平成2）年4月4日	いずみ野〜いずみ中央間が延伸開業。いずみ中央駅が開業。
1990（平成2）年12月25日	8000系電車が登場。保有稼働車両数が400両に。
1992（平成4）年2月1日	横浜駅が終日全面禁煙に。
1993（平成5）年1月11日	9000系電車が登場。
1993（平成5）年3月20日	かしわ台駅、南万騎が原駅にホーム転落検知装置が設置される。
1993（平成5）年8月1日	大和駅で地下ホームが使用開始。これに伴い周辺6カ所の踏切が廃止。
1995（平成7）年3月19日	海老名駅に自動改札機が設置され、全駅が自動改札化。
1997（平成9）年3月10日	全車両にシルバーシートが設置。
1999（平成11）年3月10日	いずみ中央〜湘南台間が延伸開業。ゆめが丘駅、湘南台駅が開業。
2001（平成13）年4月27日	横浜駅ホームに線路転落防止用の固定柵が設置される。
2002（平成14）年2月24日	10000系電車が運転開始。
2002（平成14）年3月31日	ドア位置を表示する点字シールと号車表示ステッカーが全列車に貼られる。
2002（平成14）年12月28日	創立85周年を記念して6000系電車1編成で旧塗装を再現。
2005（平成17）年5月1日	10000系電車で車体広告を開始。
2005（平成17）年5月9日	平日の朝ラッシュ時間帯と深夜に限り、女性専用車を導入。12月からは夕方にも拡大。
2009（平成21）年6月15日	11000系電車が運転開始。
2014（平成26）年4月27日	ダイヤ改正により特急の運転を開始。二俣川〜海老名間で快速の運転を開始。
2017（平成29）年3月5日	星川〜天王町間の下り線が高架化。
2018（平成30）年11月24日	星川〜天王町間の上り線が高架化。
2019（令和元）年11月30日	新横浜線の西谷〜羽沢横浜国大間の開業により、相鉄・JR直通線として海老名〜新宿間（一部は大宮・川越）で直通運転を開始。
2023（令和5）年3月18日	新横浜線の羽沢横浜国大〜新横浜間の開業により、海老名〜浦和美園、西高島平（一部は小川町）間で直通運転を開始。

相模鉄道の時刻表

茅ケ崎・橋本・八王子間 （相模鉄道線）各驛連絡（ガソリン車併用）

（1941年2月11日改正）

横濱・中新田口（厚木）間 （神中鐡道線）主要連絡驛ノミヲ示ス

（1958年4月1日改正）

横浜—海老名 電・連 （相模鉄道）

（相模鉄道1926年8月15日改正、神中鉄道1926年12月1日改正）

上段は1941（昭和16）年の相模鉄道（茅ヶ崎〜橋本間）時刻表。キハ1000形電気式気動車が横浜線八王子まで乗入れている。昭和産業は寒川から分岐する支線の終点で、同工場は戦時中に相模海軍工廠になり、国有化時に西寒川と改称。寒川〜西寒川間は終戦時に休止されたが、1960年11月に再開され1984年3月末日限りで廃止。

その下は1938（昭和13）年の神中鉄道時刻表。海老名駅は開設されていない。終点は厚木から300m先の中新田口で小田原急行鉄道の河原口と接続した。当時は非電化で気動車および蒸気列車である。

中段は1958（昭和33）年の相模鉄道時刻表。終点は海老名で小田急本厚木への乗り入れ列車が朝夕中心に運転。主要駅である二俣川、大和が掲載されていないのは不思議。大和—海老名間は朝夕15分毎、昼間30分毎だった。横浜—海老名間各停で最短39分は今でも同じ。

下段は開業からまもない1926（大正15）年当時の時刻表。

2章
モノクロフィルムで記録された
相模鉄道

いずみ野線二俣川〜いずみ野間開通日の下り1番電車（二俣川発5時25分）。先頭はクハ6500形6535。
◎二俣川　1976（昭和51）年4月8日　撮影：山田 亮

相模鉄道の歴史

創立100年を超える相模鉄道

　相模鉄道は1917（大正6）年12月18日創立、2017（平成29）年12月に創立100年を迎えた。この相模鉄道が建設した路線は茅ヶ崎〜橋本間（および支線）で現在のJR相模線である。現在の相模鉄道の中心である横浜〜海老名間は1917年12月2日創立の神中（じんちゅう）鉄道によって建設されが、相模・神中ともに相模川の砂利輸送を目的にした「砂利鉄道」であった。この両者は太平洋戦争中に合併し存続会社が相模鉄道となった。ところが1944（昭和19）年6月、茅ヶ崎〜橋本間（および支線）は国有化されて国鉄相模線となった。残った横浜〜海老名、厚木間は相模鉄道として残り現在に至っている。

　本稿はこの相模鉄道および被合併会社である神中鉄道の歴史を概観することにするが、合併前の相模鉄道は便宜上「旧相模鉄道」と表現する。なお、2009年9月に相模鉄道㈱は持ち株会社「相鉄ホールディングス㈱」と商号変更され、傘下に鉄道、バス、不動産、流通、ホテルなどを持つことになり、鉄道部門として分社化された相模鉄道㈱が新たに設立された。

旧相模鉄道の開通

　トラック輸送がなかった時代は鉄道線路のバラストや建築のためのコンクリート材料として用いられる砂利は鉄道によって運ばれた。特に東京南西部の多摩川、相模川から採取される砂利の需要は多く、それを東京市内（当時）へ運ぶための鉄道が建設された。旧相模鉄道も「砂利鉄道」のひとつだった。

　旧相模鉄道は茅ヶ崎の素封家が中心となって設立され、東海道線茅ヶ崎と横浜線橋本を結び、相模川の砂利輸送が主目的で、鉄道から取り残されていた大山街道沿いの商業中心地厚木と東海道線を結ぶことも目的だった。

　1921（大正10）年9月28日、茅ヶ崎〜寒川間および貨物線（寒川〜川寒川間）の開通を皮切りに徐々に延伸され、1926（大正15）年7月には厚木まで開通したが人口集積地の厚木（当時は高座郡厚木町）は通らず、対岸の高座郡海老名村に厚木駅を設置した。相模川への架橋が資金的に困難だったためとされる。翌1927（昭和2）年4月、小田原急行鉄道（現・小田急電鉄）新宿〜小田原間が一挙に開通し、旧相模鉄道との交差地点に河原口駅が設置された。厚木以北への延伸は小田急開通の影

響で遅れ、橋本までの開通は1931（昭和6）年4月29日である。

　旧相模鉄道で特筆すべきことはわが国初の電気式気動車キハ1000形が1935年に登場したことである。流線形車体で橋本から横浜線に乗入れ八王子まで運転された。相模鉄道の新技術導入の「積極性」がその頃から芽生えていたと考えるべきだろう。また同社は鉄道とともに砂利採取販売業も行い、その業績は好調であった。

神中鉄道の開通

　神中（じんちゅう）鉄道は旧相模鉄道とほぼ同時の1917（大正6）年12月2日に創立された。相模川の砂利輸送および神奈川県中央部と横浜との連絡が目的だった。「神中」は神奈川県中央部にちなんだとされる。相鉄の社史などを読むかぎり、旧相模鉄道と神中鉄道は資本関係など無く「兄弟会社」ではない。最初の開通区間は二俣川〜厚木間で1926（大正15）年5月12日で、建設資材の運搬は相模川の水運を利用した。厚木は現在の相模線厚木で、海老名の手前から分岐する単線の貨物線が開業時の路線である。横浜側から着工されなかったのは、関東大震災で被災した横浜駅（二代目）の移転計画が浮上し、その場所が確定しなかったからである。建設当初は横浜方の起点が保土ヶ谷だったが、1928年に省線（国鉄）横浜駅が現地点に移転したことに伴い横浜に変更された。二俣川から横浜方向へは徐々に延伸され北程ヶ谷（現・星川）へは1927年5月、西横浜へは1929年2月で同時に西横浜〜保土ヶ谷間の貨物線も開通した。横浜への開通は1933（昭和8）年12月27日である。厚木方では1929年1月に中新田口まで300m延長され小田急河原口駅と接続した。

五島慶太による「東急」系列化

　東京横浜電鉄、目黒蒲田電鉄（いずれも後の東京急行電鉄）の総帥五島慶太（1882〜1959）は経営が安定するとこの両者を合併させ東京横浜電鉄とした（正確には目蒲が存続会社で新会社が東京横浜電鉄と名乗った）。次に五島は近隣の電鉄の系列化に乗り出し、京浜電気鉄道、小田原急行鉄道、江ノ島電気鉄道、（旧）相模鉄道、神中鉄道、静岡電気鉄道などが系列化された。神中鉄道は経営が苦しく、五島は額面の3分の1以下にまで下落していた神中の株の過半数を買い占めて経営権を握り1939年に社長に就任した。その理由は東横、目蒲電鉄の中古資材、車両の有効活用との見方もあ

るが、東京南西部の交通事業を一手に握りたいとの五島の独占欲によるものであろう。

神中鉄道は東京横浜電鉄の傘下に入ったことで、厚木方面への路線から分岐する相模国分－海老名間が1941年11月25日に開通して小田急と接続し、相模厚木（現・本厚木）への乗り入れ運転が気動車によって行われた（この時点では小田急は海老名にホームがなく停車せず）。次に電化工事が行われ横浜～二俣川間の電化が1942（昭和17）年6月1日に完成した。これは戦時下における燃料統制に対応したものである。

旧相模鉄道、神中鉄道の合併と相模線国有化

一方、旧相模鉄道も1941年に東京横浜電鉄の系列となった。1942（昭和17）年5月1日、東京横浜電鉄、京浜電気鉄道、小田急電鉄は合併し東京急行電鉄となり、いわゆる「大東急」が成立した（1944年5月には京王電気軌道も加わる）。その情勢を背景に、1943（昭和18）年4月1日、（旧）相模鉄道が神中鉄道を合併し相模鉄道相模線、神中線となった。これは両社とも同一資本（大東急）系列に入ったからであるが、戦時下において経営を一元化する「交通調整」の一環でもあった。また、同年3月31日限りで小田原線相模厚木（現・小田急本厚木）への乗り入れは中止され、翌4月1日から小田原線に海老名駅が開設され、ここで乗り換えとなった。

ところが、翌1944年6月1日、旧相模鉄道だった茅ヶ崎～橋本間および寒川～四之宮間貨物線が国（運輸通信省）によって買収（国有化）され国鉄（当時は省線）相模線となった。その理由は沿線に旧陸海軍の軍事施設が存在すること、東海道線、中央線の連絡線として重要であるからとされた。一方、神中線は沿線に旧海軍厚木航空基地があるにもかかわらず買収されなかった。東横線、小田原線の連絡線として重要だったからとの説もあるが、真相は必ずしも明らかではない。国有化された相模線は戦後長らく非電化の閑散ローカル線で1991年3月にようやく電化された。

相模鉄道のまま残った神中線（横浜～海老名、厚木間）は戦時下であっても電化が進み、1944年9月に横浜～海老名間が全線電化された（貨物線の電化は戦後の1949年11月）。だが二俣川を境に横浜方が600V、海老名方が1500Vだったため二俣川で乗り換えが必要だった。相模鉄道のもうひとつの柱だった砂利採取事業は買収の対象外で、戦後も事業が継続した。

相模鉄道として再出発

1945（昭和20）年6月1日、神中線（横浜～海老名、厚木間）の経営が東京急行電鉄に委託された。物資、燃料の不足、車両の老朽化、空襲の激化で運営が困難になったことが理由で、鉄道営業は施設の維持管理を含めすべて東急（相模管理部）が行い厚木線と称した。敗戦の年末、1945年12月25日には小田原線相模厚木への乗り入れが再開され、翌1946年12月には全線が1500Vに昇圧された。弱小地方私鉄の域をでなかった当時の相鉄が、戦争末期、敗戦直後の混乱期をとにかく乗り切ったのは「大東急」の助力があったからである。

1947（昭和22）年6月1日、東急への委託経営が解除され、新生「相模鉄道」として再出発し厚木線の名称は残った。中古車両の寄せ集めとはいえ全線電化されていたことは幸いであったが、沿線は西横浜、星川付近の工場地帯を過ぎると丘陵地帯を縫うように走り、のどかな田園風景が広がっていた。1948年6月には「大東急」も解体され、東京急行電鉄、小田急電鉄、京浜急行電鉄、京王帝都電鉄に再編成された。

戦後の相模鉄道は沿線の開発に力を入れた。1948年5月、戦後かなり早い時期に分譲した住宅地のために二俣川～三ツ境間に新駅を開設し、駅名を公募して「希望ヶ丘」とした。1951年には相鉄が土地を提供して「ジンチュウ」と呼ばれた1897年創立の旧制県立神奈川第一中学校（学制改革で県立横浜第一高校となる）を希望ヶ丘へ誘致し、駅名にちなみ県立希望ヶ丘高校となった。伝統校であるが新しい土地で新たに出発したいとの願いを込めたものである。当時は相鉄を神中線と呼ぶ人も多く「ジンチュウがジンチュウ線に引っ越した」と言われた。1958年から二俣川南部に神奈川県と共同で万騎が原住宅地（戸建て住宅地）の分譲を開始、1963年から海老名市にえびな国分寺台団地（戸建て住宅地）の分譲が開始された。相鉄は沿線への公共施設の誘致も積極的で1960年代には二俣川付近に神奈川県の運転免許試験場、県立がんセンター（設立時は県立成人病センター）などを誘致した。二俣川は運転免許を持つ神奈川県民は5年に一度「必ず行くところ」である。

複線化は1951年11月の西横浜～上星川間を皮切りに徐々に進み、1960年11月には横浜～大和間が複線化された。大和以遠はやや遅れたが、かしわ台電車基地（当初は電留線および検車区が移

転) 設置時の1967年4月に電車基地まで複線化され、海老名までの全線複線化は海老名駅移転後の1974 (昭和49) 年3月28日である。

横浜駅西口をめぐる争奪戦

　戦後の相鉄における特筆事項として「横浜駅西口」の開発が挙げられる。1928年開設の重厚な駅舎があり、駅前から市電が発着していた東口に比べ、西口は殺風景で資材置き場が広がっていた。これは横浜の中心部は県庁、市役所のある関内、昔からの商店街のある伊勢佐木町で、横浜駅は中心部と距離があり「単なる乗換駅」だったからだろう。

　「相鉄50年史」などの記述によれば、この横浜駅西口は元々埋立地で、明治末年に米国系の石油会社が石油タンクを設置したが、1923年の関東大震災で石油が流出して引火し、付近の住宅を焼き払った。震災後石油会社は石油タンクの再建を図ったが、地元の反対で断念し空き地のまま放置された。戦時中は敵性資産のため国が接収して旧海軍の資材置き場になり、戦後は米軍が接収してやはり資材置き場になった。1951年に元の持ち主に返還されたが売却されることになり、買受けについては、横浜市および他の1社が加わり3者競願となったが、1952年相鉄が買収に成功した、これは米国では鉄道会社の社会的信用が絶大だったからである。このように書けば相鉄が難なく買収に成功したと思われるが、実際にはそんな生易しいものではなかった。

　西口を狙っていたのは相鉄だけではない。東急グループの総帥五島慶太も虎視眈々と狙っていた。相模・神中を系列下においた五島がこの場所の価値を知らないはずはない。五島は戦時中に委託経営した相鉄の「買戻し」(乗っ取り?)を画策し、1951年に相鉄の株式買い取り工作が表面化した。あっという間に株式の30％が買い占められた。それに対し相鉄は企業防衛のため増資を強行したが、それを決める株主総会では株主からの委任状争奪戦が繰り広げられ、わずかな差で相鉄は「企業防衛」に成功した。この買い占め工作は「大東急」時代に五島の部下だった当時の小田急社長が動いたとされる。(『ヨコハマ再開発物語みなとみらい21』日本工業新聞社刊による)

　その後も東急の意を受けた小田急側からの「合併圧力」はすさまじく、ついに当時の国鉄総裁が調停に乗り出し「両社は当面は業務の一体化を推進する」とした。事態がそのまま推移していたら、相鉄は小田急または東急グループの会社になり、横浜駅西口は小田急、東急主導で開発されていたであろう。

横浜駅西口の発展

　相鉄グループによる横浜駅西口開発の歴史を概観する。相鉄は百貨店を誘致することになり三越に打診したが断られ高島屋が進出することになったが、不安があったようで系列の「高島屋ストア」が1956年4月にオープンし、同時にアーケード商店街「横浜駅名品街」(東京駅八重洲口の東京駅名店街をもじって「名品」とした)もオープンした。1959年10月、横浜高島屋が相鉄所有の相鉄会館に入居する形で開店し、それまで東京都内に流れていた横浜、湘南、鎌倉の購買力の高い高所得層を吸収することに成功した。1962年には「横浜ステーションビル」(後にシャルと改名)、1964年にはダイヤモンド地下街(現在ではその名称はなくなり、相鉄ジョイナスと一体的運営)が次々とオープンし、横浜の商業中心地はそれまでの伊勢佐木町商店街から横浜駅西口に移ったといわれた。

　さらに1970年代に入り、テナントビル「相鉄ジョイナス」(この名称は一般公募、仲間入りの意味)が1973年11月にオープンし、翌1974年2月にはその2、3階に乗入れる形で相鉄横浜駅が高架化された。1978年5月には相鉄ジョイナスの第二期工事が完成し、床面積20万㎡ (駅施設を含む) の巨大ショッピングセンターとなり、その5～8階には高島屋が入居して売り場面積が大幅に増えた。これらは再開発計画が進んでいた「東口」対策でもあった。東口には1980年11月に駅ビル「横浜ルミネ」地下街「ポルタ」がオープン。1985年9月には日本最大級と銘打った「横浜そごう」が開店している。相鉄主導の「西口」に対し、東口は国鉄(当時)および横浜市主導で半官半民色が強いことが特徴である。

いずみ野線の建設

　相鉄は戦後長らく横浜－海老名間24.3km、貨物線が相模国分～厚木間2.2km、西横浜～保土ヶ谷間1.0kmであった。1974年3月には海老名駅移転に伴い300m延伸され横浜－海老名間24.6kmとなった。

　横浜市南西部の相鉄、小田急江ノ島線、東海道線に囲まれた地域は丘陵地で鉄道のない空白地帯だった。相鉄ではそこを開発する計画を立て、1967年二俣川～平塚間の免許申請がなされ、1968年に経由地を長後から湘南台に変更して免

許された。

第一期工事は二俣川－いずみ野間で1971年5月に着工された。沿線の宅地開発は東急田園都市線などと同様のいわゆる土地区画整理組合方式を導入し、地権者と共同で開発を行った。いずみ野線の建設は1973年の第一次石油ショックの影響もあって遅れ、1976（昭和51）年4月8日、いずみ野線二俣川～いずみ野間6.0kmが開通した。それに伴い、横浜～海老名間が「本線」、相模国分信号場～厚木間が「厚木線」となった。

いずみ野から先の開通はさらに遅れ、いずみ野－いずみ中央間2.2kmが1990（平成2）年4月4日に開業した。いずみ中央は横浜市泉区役所がある行政の拠点であるが、それまでは戸塚からのバス路線だけで朝夕は渋滞で遅延が常態化していただけに地元の喜びは大きかった。いずみ中央～湘南台間3.1kmは1999（平成11）年3月10日に開業し、横浜～湘南台間に快速が登場した。これは横浜市営地下鉄ブルーライン戸塚～湘南台間開業（同年8月29日）に先手を打ったものである。

相鉄新横浜線の開通

2019年11月30日、相鉄新横浜線西谷－羽沢横浜国大間2.1kmが開業し、東海道、山手線を経由し埼京線との直通運転が開始された。さらに2023年3月18日、東急新横浜線日吉－新横浜間5.8kmおよび相鉄新横浜線新横浜～羽沢横浜国大間4.2kmが開業し、相鉄と東急との直通運転が開始された。その源流は1985年の運輸政策審議会7号答申に記載の「二俣川～鶴ヶ峰～新横浜～大倉山」「新横浜－川崎臨海部」で神奈川東部方面線とされた。すでに副都心化が始まり、「ひかり」も停車するようになった新横浜と東急、相鉄を結ぶ構想だが、具体的な動きはなく夢物語の域をでなかった。

2000年1月、運輸政策審議会18号答申で二俣川付近～新横浜～大倉山付近間の「神奈川東部方面線」が記載され具体化へ進みだした。相鉄では水面下で各方面と折衝を続けたとみられるが、まずJR東日本との間で相互乗り入れを行うことになり、東海道貨物線横浜羽沢－相鉄西谷間に相鉄が新線を建設すると2004年に発表された。さらに横浜羽沢から新横浜を経由して日吉付近まで新線を建設し、相鉄と東急東横線、目黒線が直通運転すると2006年に発表された。

これは2005年8月施行の都市鉄道等利便増進法が最初に適用され事例である。整備主体（公的主体）と営業主体（鉄道事業者）を分離する「受益

活用型」上下分離方式を採用し、国と地方公共団体（県および市）が3分の1ずつ補助し、残り3分の1を整備主体（鉄道建設・運輸施設整備支援機構）が資金調達して施設整備を行い、営業主体（相鉄および東急）が施設使用料（受益相当額）を整備主体に払って営業を行うもので、整備主体は施設使用料でみずから調達した資金の償還を行うスキームになっている。2006年11月に相鉄・JR直通線の速達性向上計画の認定がなされ、2007年4月に相鉄・東急直通線の速達性向上計画の認定がなされた。

相鉄・JR直通計画が先行したことで、相鉄沿線から都内への乗客が東急からJRに流出することを警戒した東急が後からこの計画に加わったとの報道もなされている。各社間の交渉経過がすべて明らかになっているわけではないが、東急側にしてみれば東横線を複々線化し目蒲線と結ぶプロジェクトが進行中で、さらに新横浜と結べばその「投資」がさらに生きてくる、電車はそのまま相鉄側に「流せば」よい。相鉄、JR、東急3社で東急が一番「得」をしたと言われるゆえんである。

相鉄の決断

相鉄が長年にわたり築いてきた「横浜駅西口」を経由せずに都心と直通することは驚きをもって受け止められた。同社にとっても「清水（きよみず）の舞台から飛び降りる」決断だったはずである。その背景として沿線人口の伸び悩み、高齢化の進行による利用者の減少がある。「横浜乗り換え」というバリアのためにこのままでは「忘れられた沿線」になってしまう。都心と直通することで、新しい世代を沿線に呼び込み活性化し「選ばれる沿線」になりたい、さらに神奈川以外では知名度が低い「相鉄」を注目される存在にしたいとの相鉄の悲願が込められている。

今回の相鉄・東急直通で最長距離を走る電車は海老名発小川町（東武東上線）行で土休日の早朝に1本だけ運転される（東急車）。運転距離は115.2kmで民鉄（第三セクターを除く）の料金不要列車では4位となる。ちなみに1位は近鉄の大阪上本町発鳥羽行快速急行で150.4km、2位は京成本線・押上線、都営浅草線、京急本線・久里浜線を経由する成田空港発三崎口行（京急車）で141.8km、3位は三崎口発京成スカイアクセス線経由の成田空港行で136.6kmである。

本線

高架化工事着手直前の相鉄横浜
駅。3線4面で右から順に1～
3番線。1968年秋からラッシュ
時6両、デイタイム4両となっ
た。ホームは延長を重ねてつ
ぎはぎだらけでそれが限界だっ
た。左が相鉄会館(横浜高島屋)、
右側が横浜ステーションビル。
◎横浜
1969(昭和44)年5月11日
撮影：山田 亮

地上駅時代の相鉄横浜駅。3線とも6000系が停車中。ホームは3線4面だが、高架化工事のため1969年5月中旬から2線3面となった。◎横浜　1969（昭和44）年5月11日　撮影：山田 亮

国鉄横浜駅上り東海道線ホームから見た地上駅時代の相鉄横浜駅。6000系が発車。現在の相鉄ジョイナスの場所には横浜駅名品街、相鉄娯楽センター（映画館）、キャバレー「ハリウッド」が並ぶ。映画館には「黒部の太陽」（1968日活、主演三船敏郎、石原裕次郎）の看板がある。◎横浜　1968（昭和43）年3月　撮影：山田 亮

平沼橋～横浜間の平沼陸橋から撮影したクハ2500形2502先頭の横浜行。クハ2500形は元東京横浜電鉄のキハ1形で、戦後にクハ化され流線形から平凡な正面3枚窓に改造された。背後の川は帷子（かたびら）川で当時の横浜駅西口の状況がわかる。
◎横浜　1959（昭和34）年3月9日　撮影：荻原二郎

工事中の横浜駅に到着する2100系4両編成。帷子（かたびら）川の上に線路が敷設されている。背後では新しい相鉄横浜駅と相鉄ジョイナスの建設が進む。◎横浜　1971（昭和46）年1月　撮影：山田 亮

横浜駅高架化工事に伴い、1969年５月中旬から地上の横浜駅がそれまでの３線４面から２線３面化された。朝ラッシュ時は２分間隔で電車が発着し綱渡りのような運行だった。右が東急東横線の高架線、左が相鉄会館（横浜高島屋がテナントとして入居）。湘南スタイルの5000系が並んで停車。◎横浜　1969（昭和44）年　撮影：山田虎雄

東急東横線の高架線と隣接していた地上駅時代の相鉄横浜駅。地上の相鉄6000系が高架の東急「青ガエル」5000系と並ぶ。
◎横浜　1970（昭和45）年１月　撮影：山田 亮

1971年8月から高架ホームの一部（海老名方）が使用開始されたが2線3面（現在の2、3番線）で、現在の1番線部分（東海道線側）は後に地上線の跡地に建設された。西口方面の1階改札はこの時から使用開始された。
◎横浜
1971（昭和46）年9月
撮影：山田 亮

地上駅最後の頃の相鉄横浜駅で2線3面である。左には高架ホーム部分が姿を現している。1971年8月から高架ホームの一部（海老名方）が使用開始され、国鉄との間には旧地上ホームを横断する長い仮設通路が設置されたが、国鉄、東急、京急との乗り換えには時間がかかり「1本前の電車に乗らないと会社や学校に間に合わない」との声も聞かれた。
◎横浜
1971（昭和46）年7月
撮影：山田 亮

1971年８月から1973年９月上旬までの相鉄横浜駅の光景。1971年８月に相鉄横浜駅の高架新ホームは海老名方が一部完成し２線３面使用となった。3010系モハ3014が停車中。1973年９月７日から一部を残して新ホームは完成し２線３面で使用開始された。全面完成は1974年２月８日で３線４面、全長210m、10両が停車可能になった。
◎横浜　1973（昭和48）年７月　撮影：山田 亮

1974年２月８日、相鉄横浜駅の高架化工事が全面完成し、１番線が使用開始され１～３番線の３線４面使用になった。それを周知する掲示。◎横浜　1974（昭和49）年２月　撮影：山田 亮

相鉄横浜駅は1971年8月から高架ホームの一部（海老名方）が使用開始され、1973年9月7日から国鉄側連絡改札口付近を除いてホーム部分が完成したが、2線3面使用（2、3番線）で1番線部分は工事中だった。1974年2月8日から1番線が完成し、1〜3番線の3線4面使用となり全面完成した。
◎横浜　1973（昭和48）年11月　撮影：山田 亮

1974年2月8日、高架化工事が全面完成した相鉄横浜駅。1番線が使用開始され3線4面使用になった。手前は同日から使用開始の1番線。◎横浜　1974（昭和49）年2月　撮影：山田 亮

1971年の横浜駅西口。横浜高島屋（建物は相鉄が所有する相鉄会館）と相鉄ビル（右）が並ぶ。相鉄バスと横浜市営トロリーバス（三ッ沢、常盤園循環）が西口から発車する。
◎横浜駅西口　1971（昭和46）年4月　撮影：山田 亮

1971年8月から相鉄横浜駅高架ホームの一部（海老名方）が使用開始され仮の連絡改札口と国鉄との長い連絡通路が設置された。それを周知する看板。◎横浜　1971（昭和46）年7月　撮影：山田 亮

新駅工事中の相鉄横浜駅。以前の相鉄改札口付近で左側に横浜ステーションビル、背後に国鉄および東口との連絡跨線橋が見える。◎横浜　1971（昭和46）年9月　撮影：山田 亮

横浜駅西口の横浜高島屋前バス停に停まる横浜市交通局のトロリーバス。横浜駅西口－三ッ沢－常盤園－和田町－横浜駅西口間を循環し内回りと外回りがあった。1972年3月末日限りで廃止され、一般の路線バスになった。
◎横浜　1972（昭和47）年3月　撮影：山田 亮

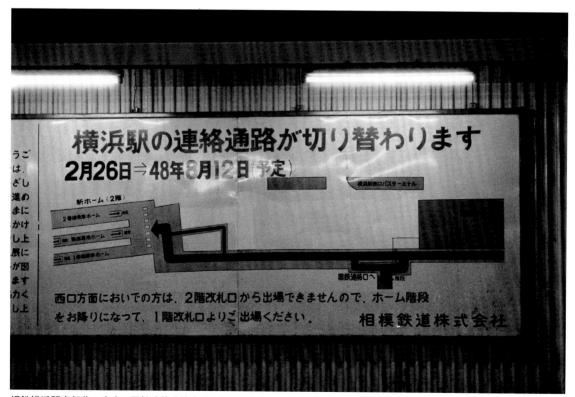

相鉄横浜駅高架化工事中の国鉄連絡通路変更を伝える看板。高架新ホームは1971年8月1日から海老名方が一部完成し、2線3面で使用開始された。この看板は1973年8月12日（予定）までとなっているが、実際には9月6日までで翌9月7日から一部を残して新ホームは完成し2線3面で使用開始された。◎横浜　1973（昭和48）年7月　撮影：山田 亮

1973年11月20日に新しい相鉄
横浜駅と併設の相鉄ジョイナス
（ショッピングセンター）が開設。
開設時の相鉄横浜駅。相鉄横浜駅地
下一階から国鉄への連絡改札口は
1973年10月20日に使用開始（改札
は相鉄が担当）。写真右側で相鉄ジョ
イナス2期工事が進む。最終完成は
1978年5月。
◎横浜
1973（昭和48）年11月
撮影：山田 亮

増築工事の完成した横浜高島屋。背後
に天理ビルが見える。
◎横浜
1973（昭和48）年11月
撮影：山田 亮

横浜駅東口駅舎。三代目横浜駅として1928年10月に現在地に設置。相鉄（当時は神中鉄道）の横浜駅西口への乗り入れは1933年12月、東口駅舎は1978年秋から解体が始まり1980年11月に新駅舎使用開始、駅ビル「ポルタ」オープン。
◎横浜　1970（昭和45）年12月　撮影：山田 亮

横浜ステーションビル屋上から見た国鉄横浜駅東口駅舎。1978年秋から解体された。東口の高速道路、スカイビル、横浜プラザホテル、崎陽軒本店が見える。後方には後に「みなとみらい21」地区になる造船所（三菱重工横浜造船所）が見える。
◎横浜　1978（昭和53）年10月　撮影：山田 亮

1979年の横浜駅西口の光景。左は1961年12月開設の相鉄ビルで相鉄本社が入居していた。現在はベイシェラトンホテルになっている。右は1973年11月開店の横浜三越（岩崎学園ビル）。2005年5月に閉店し、同年11月からヨドバシカメラ横浜店になった。◎横浜　1979（昭和54）年4月　撮影：山田 亮

1962年11月に開店した国鉄横浜駅西口「横浜ステーションビル」いわゆる民衆駅で相鉄も出資した。後にシャルと改称され2011年3月に閉館。左側は横浜東急ホテル（後のエクセルホテル東急）。
◎横浜　1979（昭和54）年4月　撮影：山田 亮

『横浜市史』に登場する相模鉄道 (市史より抜粋)

砂利輸送を主とした創業のころ

　昭和のはじめ、相模鉄道が神中鉄道の名称で、ようやく平沼橋から横浜駅へ路線が延長したころ、横浜駅の列車、電車が絶え間なく発着するホームの地下道を抜けて裏口へ出ると、そこには原っぱが広がり、左側に11番神中線の案内板があった。裸電球の下に惣菜や日用品を売る店のある通路の先に、板張りで屋根のないホームが1本あり、上を見ると高架に東横線が走っている。ホームには小さなガソリンカーが1台待っている。薄暗い照明とガソリンの匂いがする車内から、併走するスカ線の明るい電車を見ていると、遠くさいはての地へいくような感じであった。それから60年の平成2 (1990) 年5月に相模鉄道は躍進して大手民鉄15社に仲間入りし、裏口の原っぱは西口となり、全国有数の繁華街に成長している。

　大正5 (1916) 年8月、瀬谷村の小島政五郎を中心として神中軌道という簡易な蒸気鉄道の計画が特許された。横浜市久保町から帷子川沿岸を経て、瀬谷村から厚木の対岸海老名村河原口に達する25キロ余り。軌間は762ミリ、道路併用の砂利輸送を目的とする簡易鉄道であった。

　しかし、この鉄道では、将来一般鉄道としては対応できないとの考えから、同じ区間を省線なみの軌間1067ミリの軽便鉄道としてあらためて免許申請を行い、大正8 (1919) 年5月免許が下付され、会社名を神中鉄道株式会社とした。さらに大山詣りの乗客誘致をねらって厚木からの延長も計画している。

経営苦しいなか一歩ずつ横浜へ

　大正11 (1922) 年、工事は海老名側から進められ、15年5月12日に厚木～二俣川間が完成した。順次、保土ケ谷区内へと路線を延長して昭和8 (1933) 年12月27日に横浜駅へ乗り入れた。当初は程ケ谷起点の計画もあったが、震災後に新築移転した横浜駅に変更している。乗り入れのうち、西横浜～平沼橋の先までは省線の貨物線を使用した。

　延長の過程では、二俣川や北程ケ谷 (現・星川) からはバスで横浜駅へ連絡している。一般の鉄道は都心から郊外へ延長していくのであるが、砂利輸送を主としたので乗客の流れとは逆になっていた。

　砂利の輸送は開業と同時で、星川、西横浜への延長の両駅で砂利積みおろし設備が完成し、トラック、舟運を利用して横浜市内へ。西横浜から保土ケ谷駅を経由して貨物輸送と、昭和恐慌の回復とともに飛躍的に伸びていくのである。星川駅から日本硝子への貨物引込線も完成している。

　まだ農村であった沿線にはこれといった観光地もなく、全通後も経営は苦しく乗客誘致に苦心していた。運賃割引をしたり、秋には西横浜始発で瀬谷などへ「いも掘り大会」の団体列車などを運転したのは一例である。

　乗客輸送は、はじめ蒸気列車で2等車 (現在のグリーン車) も連結していたが、利用する人も少なく間もなく廃止している。非電化のためガソリン動車の導入には熱心で、昭和4年4月導入以来増備を進めていたが、小型であったため〝マッチ箱〟の愛称で呼ばれていた。昭和10 (1935) 年にはスマートな大型気動車キハ30型を特製し、貨物と臨時列車は蒸気、乗客輸送はガソリン動車と運転の区別をしている。横浜～上星川間は約20分間隔と都市型輸送に近づいてきた。この大型気動車は神中鉄道自慢のもので、西横浜駅の2階にあった当時の本社にはその写真を額に入れて飾ってあった。

　昭和12 (1937) 年の日中戦争の勃発を境として軍需工業時代となり、農村地帯であった神中鉄道の沿線にも軍事施設が建設され、人員、貨物ともに増加していったが、ガソリン動車を中心とした神中鉄道は石油類の統制によって燃料の需給がひっ迫し、薪、木炭ガスの代燃車と蒸気運転併用に逆戻りしていくのである。昭和16 (1941) 年11月に終点を厚木から海老名に変更している。

　苦しい経営を続けていた神中鉄道は、昭和14年に東京西南部の系列化と統合を進めていた東京横浜電鉄 (現・東急) の傘下に入る。昭和18 (1943) 年4月1日、同じ東急系列にあった相模鉄道は神中鉄道を合併し、社名を相模鉄道として、路線は61キロとなった。

　翌19年6月1日に沿線の軍事施設への輸送と、東海道線と中央線を結ぶ重要路線として相模鉄道の茅ケ崎～橋本間と寒川～四之宮口間が国有となった。

東急へ経営委託、戦中戦後の苦難から自立へ

　相模鉄道は旧神中鉄道線が残されたが、昭和20 (1945) 年6月1日に東京急行に経営を委託した。輸送需要が急速に増加するなかで、相模鉄道1社では設備の増強を進めていくのに限界があったのである。当時は東京急行厚木線とよんでいた。8

月に終戦となる。

　輸送力増強のなか、電化は横浜〜二俣川間が電圧600ボルトで、昭和17（1942）年6月に西谷、18年8月に二俣川まで運転を開始し、18年12月に海老名〜相模大塚、19年9月に相模大塚〜二俣川間が1500ボルトで完成した。横浜〜二俣川間は目蒲、池上線使用の電車、二俣川〜海老名間は小田急使用の電車であった。電圧が異なるため直通運転ができず二俣川での乗りかえを余儀なくされた。電圧の1500ボルト統一は昭和21（1946）年12月になる。東急への経営委託解除は22（1947）年5月31日で、これが戦後の相模鉄道の出発である。

　複線化は、戦時中軍事重要路線として、現在の京急逗子線の路線を単線にして資材を流用するなどして工事を進めていたが、終戦で中断し、資材を返還している。昭和26（1951）年に西横浜〜上星川間の開業を皮切りに昭和49（1974）年に全線が完成した。工事を開始してから30年を経過して

いる。昭和51（1976）年に、いずみ野線二俣川〜いずみ野間が開通し、平成2（1990）年4月に、いずみ中央まで延伸した。現在、湘南台まで延伸工事中である。

　昭和20年代は車両の新車増備の余裕はなく、旧相模、神中の気動車の改造、東急系列からの譲渡、戦災復旧車などいろいろな車輌で増備されていった。自前の電車を走らせるようになるのは昭和30（1955）年12月に登場した5000系の電車からである。

　現在、相模鉄道は大型10両編成の電車が走り、その過密ダイヤは全国私鉄のなかでもトップ・クラスの典型的な通勤路線である。戦前は保土ケ谷区内の乗降人員が主であったが、現況は旭区以遠の輸送人員の比率が高くなっている。急行電車にみるように区内の通過本数が多くなり、踏切の交通渋滞、街の分断など区民の生活に影響が出ていて、立体化を含めて早急な対策を求められている。

『相模鉄道40年史』（市史より抜粋）

第1節 起業の発端
茅ヶ崎

　湘南砂丘地帯のうち、低湿な相模沖積層平原に臨んでいる。チガサキの名も茅原の崎というところから出たであろう。

　鎌倉時代頃の旅行者の紀行文には「八的原（ヤマトハラ）砥上原（トガミハラ）などとのっている。凡そ寂寥々たる相模湾頭の1域であつた。江戸時代になっても、もちろん宿駅は置かれず、東は藤沢、西は相模川をへだてて平塚と対し砂と松林の中の村落であつた。

　ここをまた南湖ともよんだ。古来漁撈を業とする人のしゅう落地であつた。何時誰が付けた名かは明かでない。

　広重の絵にも出ている五十三次（駅）の藤沢や平塚に追われ、また両駅間距離の関係から、東海道の古駅に入らなかつた茅ヶ崎も、明治時代となり所謂東海道線が敷設されるに至って、停車場が設けられた。茅ヶ崎の新文化はこの時から台頭したとみてよい。

　年経ると共に茅ヶ崎にも土地の素封家なるものが生じ、勢力をなしていた。その一類に伊藤家系統があった。

相模鉄道株式会社を発起したのが、この伊藤系統中の伊藤里之助、同清左衛門氏等であった。諸氏は土地将来発展のためにと全力を傾注して東海道本線から西北へと向って高座郡の田野を貫く鉄道を創建敷設すべく起ったのである。

　この鉄道敷設の最初の目的は、旅客運輸にとどめられていたようであったが、相模川の包蔵する無限無量の砂利、砂等も併せて輸送すべく目論まれた。そうした意図を根底に起業に着手したのが大正6年のことであった。

第2節 創立より初期経営時代まで

　従来相模川が、不断に運ぶ砂利、砂は何処へ行ったのであろう。必要としなかった既往何千年間、無限、無量の玉なす石、黄金の粉粒ともまがう砂粒。それらは何処へ流れて行ったのであろう。海の深さと広大さは黙々とし語らず川もいわない。

　近代文化の進歩と共に、ここ数十年来、前記した会社創立者の何人かがこの川にこの石砂あるを知って、それらを活かすべく採取事業を起し、且つ輸送機関を建設したのであった。

　由来関東には、砂石採取河川として注目されたいくつかが現在もあるが、中で知られたのが多摩川、ついで荒川であった。然し相模川の包蔵する

ような、洗いあげられたというより磨きだされた
ような、外観美をもつものは少い。同じように玉
石にしても肌ざわりが違う。

　大正5、6年頃までこの相模川が包蔵する砂利、
砂には誰も気をとめず、採取業に乗り出す人もい
なかった。

　日露戦争でどうにか勝利を得た日本国民の壮意
気を背景に、大正期に入って文化は進んだ。

　明治末期－延いては当時まであった旧来の木造
建築が、洋風建築の普及につれ鉄に石と砂とセメ
ントの混合結晶を必要とするに至った。

　東京市中に需要が追々と増してゆく砂利や砂の
供給方法につき、逸早く目をつけた企業家に、渡
辺熊之進という人がいた。彼は多摩川に堆積する
無限のそれらを、何とかして市中へ輸送しようと
発心した。そして土地の有志を動かし、多摩川砂
利鉄道株式会社を設立した。二子多摩川畔を起点
とし、渋谷を荷おろし場として計画し、鉄道敷設
の免許を得たが、経済事情に悩まされ、企業家と
しての苦慮の中を往来し会社を創立した程度で、
自身は開通の日を見ずに退いてしまった。その後
経営者が代り玉川砂利鉄道株式会社は、玉川電気
鉄道株式会社と改称された。

　砂利と旅客の併用運輸で最初の目論見とは変
り、どうにか開通したのが明治40年3月であつた。
現在の東急電鉄玉川線がそれである。

　伊藤里之助氏等が相模川の宝庫を活かすべく企
業したのも、大体渡辺熊之進氏のそれと異域同型
とみてよい。玉川砂利鉄道も前述の如く電気鉄道
と改称し旅客をも併せ輸送することになったので
ある。

　当相模鉄道は、玉川砂利鉄道の如く、砂利輸送
専門鉄道としての名称は最初から使用しなかっ
た。且つ電鉄などは問題にせず早い話が、軽便に
相模川の砂利乃至は旅客を院線駅まで運んでくれ
ば先ず成功という程度で準備をしたようだ。また
この企業に対しては、鉄道院としても出来うる便
宜を与えた。それは大局から観て都市建設に追わ
れている砂利、砂等の需給に対する必要を真に認
めていたからでもあったと考えられる。

　後に述べるが採取砂利、砂等を運ぶ貨車、旅客
車それらを引く機関車の、一切を鉄道院から払い
下げをうけてやったのである。

　発起人としては、そうした便法を大体のみ込み
株式募集にかかった。1株、5株の引受人が大多
数で、980人中、100株以上の引受者は僅か30名で
あった。

　資本金六拾万円に対して1000名近くの株主が集
中したわけである。応募者は横浜は極く少なく、茅ヶ
崎と八王子間（最初は八王子迄の計画であつた）各
町村の人々で、時の町村長や顔役を動かして集め
させたものである。（神中鉄道も同じであった）。

神中線の創立

　二俣川を中心点として、東西へ通じている里道
を、大正年間出版の地図によって見ると、東の一路
は下白根、上星川、星川を経て、横浜、神奈川方面
へ、他の一路は今井を経て保土ケ谷に達している。

　西は鎌倉郡の最端たる瀬谷にかかり、大和村に
入り、平野を海老名村に延び、国分で大山街道に
合し、河原口から厚木の町へ入っている。

　当時私鉄の交通機関として、まだ小田急線も相
模線もなく、横浜から原町田を経て橋本へ行く省
線と、茅ヶ崎駅に寄る東海道線が遠く回っている
だけであった。

　神中鉄道は、こうした環境に住む人々の要望に
よって創立されたので社名は神奈川県中部を貫く
鉄道という意味から付せられたのであろう。線路
の通過地域を、郡別に見ると橘樹、都筑、鎌倉、高
座の4郡に亘り、内に10数ヵ村がふくまれている。

　起業目論見書及び創立当初の定款が無いので、
鉄道敷設の理由なども明確を欠くけれども、第1
回から39回（相模鉄道に合併前後）までの営業報
告書に基き、確実性をもつ他からの伝聞を交えて、
総括的に沿革を述べてゆくこととした。

　現在の戸塚区瀬谷町は、旧鎌倉郡に属しその突
端をなしていた。やや深い谷を挟んで平原台地が
展開し、豊饒な農村である。この地に素封家があ
り小島姓を名乗っている。

　明治40年、本家の小島政五郎氏と、分家の政八
氏等が協同して、資本金五拾万円の瀬谷銀行を設
立し、本店を政五郎氏の屋敷内に置いた。（この建
物は戦時中取壊したという）主として地方農民へ
の融通機関であったが、支店を橋本、上溝、厚木、
町田、原町田、中川等6ヵ所に置き、保土ケ谷には
代理店があった。

　堅実な銀行だけに、預金も200万円に達したと
いう。小島政五郎氏は流石企業家だけに、各地を
視察しているうちに、如何としても交通が不便な
のに気づくと共に、地方人から鉄道敷設の要望を
耳にし遂に一念発起したのであろう。

　そこで各地の有力者を中心として、株式募集に
かかり、銀行業を営みながら、会社の成立に奔命
した。

　以上で膳立てが出来、土地測量に着手の運びに
なったが、測量技術者を雇うに困ってしまった。
第1次欧州大戦のやっと終熄した頃の好景気のた
め、工業会社や産業会社で働いている者を辺鄙な

奥地へ招くなど難事中の難事であった。それ故工事着手も遅延した。

大正8年6月10日、社名を神中鉄道株式会社と改め、植原敬四郎氏（履歴不明）を技術顧問に委嘱しどうにか仕事の端緒についた。最初認可を得た保土ケ谷起点は、川井通りを経て二俣川に出る予定であったが、省線電車が保土ケ谷駅に寄ることとなったので、鉄道省からの交渉により、今井（二俣川と保土ケ谷間の村）道筋に変更することとした。

但し如何としても素人有志の集りで、この鉄道を完成せしむるという事は非常に無理であった。たとえば線路用地の買収にしても、地方の顔役だけでは片づかぬ場合もあり、新たに設計をたてなおすにしても。且つは敷設後の鉄道を財団として融通をつけるとか新たな地方鉄道法施行に応じ、政府の補助金を仰ぐとかについては、全くの無経験者のみの集りであった。

そこで適当な事業経営者があったならばと、相当に苦心して探したようである。

（中略）

第8節　東京横浜電鉄会社の買収と目的

溝の中に腐った水同様、如何とも手のつけられない神中鉄道を何の目的で東横電鉄が買収したかである。

起点が横浜に在るということも1つの理由とされていたが、それは表面だけで、他にもっと深い根底があった。

旧目蒲電鉄にしても東横電鉄にしても絶えず改良工事を行い、設備の改善に務めてきたので、廃物、余剰品がうんとあった。大きなものには変電所があり、時代おくれの古い電車もあった。その他の残品など市中の屑物商に払い下げたとて実質価値の3分の1にもならぬことを、克明な技術者がいて知りぬき、これらの再生利用法を考究した。それには未電化の神中鉄道を買収して転用すべきであると、五島社長に建策したのがもとであった。

その頃株など15円か20円でどしどし手に入れ昭和13年在来の資本金を半減して資本金を壱百五拾万円とした。

株の過半数を買い占めた東横電鉄が乗り出すと共に、旧役員の大方が退き、昭和14年11月20日、新たに左の役員が就任した。

取締役五島慶太、篠原三千郎、丹羽武朝、立花栄吉、小林清雄の各氏、監査役三宮四郎氏。従来の常務取締役飯田律爾氏は居すわり、五島慶太氏が代表取締役となった。昭和15年4月19日、小宮次郎、鈴木幸七の2氏が取締役に増員され、当日臨時株主総会を開き、電化工事の件を決定した。

これより先き東横電鉄が経営権を掌握したあと、間もない昭和15年1月1日、定款を改め会社存続期限を撤廃した。これは守屋此助社長の時、会社存続期限を、昭和21年までとするというのを改めたのである。

東横管下になった神中鉄道の将来の活力素は電化で、これについては着々と研究されて行った。万年常務から平取締役にうつり遂に飯田律爾氏は辞任した。それが昭和16年10月22日であった。

その後になって平井義富氏が昭和18年4月17日に専務取締役に就任した。

当時の神中鉄道は現在の相模鉄道貨物線により、相模線の厚木駅に連絡していたので小田急線に乗り換えるためには相模線の次の駅中新田迄行きそこで乗り換える要があった。

これは神中鉄道の厚木駅の位置が悪く小田急線の厚木町とは相模川をへだてた場所にあったのでこの乗り換えの不便をなくすために神中線が相模国分より新線を建設して海老名間をつなぎ直通運転へと進んでいったのは自然の成り行きであったと云わねばならない。

大きくみると昭和16年から新生への道に入ったのである。

第9節　相模鉄道会社に合併

5期間の営業報告書を欠くので、前述後の推移情勢が明かでないが、昭和18年4月1日を以って相模鉄道に合併したことは事実である。

神中鉄道株式会社の名はその日から消えた。以来相模鉄道旧線を相模線と呼ぶに対し神中線と略称されるに至った。

けれども妙なもので、後に相模鉄道の相模線全部を政府に捲きあげられ、名のみとなった相模鉄道株式会社は、神中線によって生きねばならなくなった。名は失ったが実体を今日に至って持っているのが旧神中鉄道線である。

複線化完成時の横浜〜平沼橋間を走るモハ2000形とクハ2500形の2両。先頭のモハ2000形は17m戦災国電を復旧した車両。2両目は井の頭線戦災車の台枠を利用して車体を新製したクハ2500形2508と思われる。横浜〜西横浜間の複線化は1957年1月18日だがその前日にすでに開通していた。後から増設された上り線（手前側）のバラストが新しい。手前は帷子川。
◎横浜〜平沼橋
1957（昭和32）年1月17日
撮影：吉村光夫

平沼橋停車中の5000系4両固定編成の各停二俣川行。5000系は2両固定6本、4両固定2本の20両があった。先頭はモハ5015。◎平沼橋　1970（昭和45）年1月　撮影：山田 亮

クハ1500形1503とモハ1000形の2両編成。半流線形が特徴のクハ1500形は1938年登場の元神中鉄道キハ40形43だがすぐにキハ50形53と改番。戦時中に客車化され戦後はクハ1500形1503となった。1956年に豊橋鉄道に譲渡。西横浜〜横浜間は単線で国鉄と架線柱を共用している。これは国鉄の線路を借用したためである（後に譲り受け）。1957年1月に複線化され、左に見える古河電線の引込線も転用された。◎西横浜〜平沼橋　1955年頃　撮影：吉村光夫

3010系４両の海老名行（先頭はクハ3510形3512）と並走する横須賀線113系。当時、横須賀線は東海道本線（湘南電車）と東京〜大船間で線路を共用していた。1980年10月改正から両者は分離され、横須賀線は中央２線（貨物線）を走るようになった。
◎西横浜
1970（昭和45）年１月
撮影：山田 亮

横浜〜西横浜間は国鉄東海道本線との平行区間。湘南電車（113系）と相鉄6000系。架線柱が国鉄４線（旅客線と貨物線）と相鉄下り線で共同使用している。◎西横浜　1971（昭和46）年４月　撮影：山田 亮

1969年に完成した西横浜駅。小野田セメントが所有するセメント貨車が停まっている。西横浜は貨物の拠点でここから保土ヶ谷まで貨物線（1.0km）が単線で延びていた。相鉄のED10が保土ヶ谷まで貨物を牽引し、保土ヶ谷で国鉄と貨車の中継を行った。◎西横浜　1969（昭和44）年　撮影：山田虎雄

西横浜を発車し大きくカーブして天王町に向かう6000系4両の大和行。西横浜〜保土ヶ谷間貨物線（左側）が下り本線と平面交差。背後の建物は東洋電機製造の工場。◎西横浜　1970（昭和45）年1月　撮影：山田 亮

ED10形14が牽引する米軍燃料輸送列車。◎西横浜　1972（昭和47）年3月　撮影：山田 亮

天王町に到着する5000系4両編成の横浜行。先頭は5008。背後に保土谷化学の工場が見えるが、現在は神奈川県住宅供給公社の天王町スカイハイツになっている。
◎天王町
1966（昭和41）年1月1日
撮影：荻原二郎

天王町の高架にさしかかる初期形6000系8両の横浜行。非冷房時代の姿。初期形6000系の冷房化は1980年に開始され1986年に完了した。後方は神奈川県住宅供給公社の天王町スカイハイツ。
◎天王町
1980（昭和55）年10月
撮影：山田 亮

1980年10月に運転された7000系8両による「突破300両記念、走る児童画展号」車内で沿線小学生の絵を展示した。
◎天王町
1980（昭和55）年10月
撮影：山田 亮

星川車庫に留置されるモハ2000形2013。戦時中に国有化された旧青梅電気鉄道モハ500形506。同鉄道の車両は国鉄規格から外れていたため戦後に私鉄に譲渡された。相鉄には1949年に国鉄から4両譲渡されたが、4両ともSLに代わり貨車牽引用のモワ1形（1〜4）となり、この車両はモワ4となった。ED10形の登場で1952〜53年に旅客用モハ2000形（2011〜2014）となったがモハ2013（旧モワ4）は他の旧青梅の車両と形態が異なっていた。
◎星川
1953（昭和28）年12月
撮影：竹中泰彦

星川に留置される相鉄モハ1000形2両。小田急開通時のモハ1形で大東急時代にデハ1150形となり、戦後相鉄に譲渡されモハ1000形となった。手前のモハ1000形1004は1965年に京福電気鉄道（福井）に譲渡。後方のモハ1000形1005は1958年に中間電動車化されたが1965年に同じく京福電気鉄道に譲渡。
◎星川
1957（昭和32）年5月26日
撮影：荻原二郎

星川に到着する6000系4両。中間車サハ6600形、モハ6100形が入った4両貫通編成。
◎星川
1968（昭和43）年3月
撮影：山田 亮

駅舎改築（橋上化）工事中の星川駅。画面右側は神中鉄道時代からの古いホームがあり、画面中央に新ホームが一部完成している。橋上化は1969年4月に完成し、ホームは4線2面で追い抜き可能になった。左側には廃屋になった紡績工場、後方の煙突は保土谷化学の工場。◎星川　1968（昭和43）年3月　撮影：山田 亮

駅舎改築（橋上化）工事中の星川駅。木造建屋の星川工場に3010系モハ3011が入場中。
◎星川　1968（昭和43）年3月　撮影：山田 亮

星川にあった相鉄の車両工場。木造建屋が
見え、6000系が検査を受けている。
◎星川
1970（昭和45）年1月
撮影：山田 亮

星川の橋上駅から和田町方を望む。6000系
大和行が発車。画面左側には古河電池の工場、
右側には相鉄車両工場の建屋の一部が見え
る。
◎星川
1970（昭和45）年1月
撮影：山田 亮

モハ1000形1001とクハ1500形の上り横浜行。モハ1000形は小田急開通時にモハ1形として登場し、大東急時代にデハ1150形となり、戦後に相鉄に譲渡されモハ1000形となった。先頭のモハ1000形1001は元小田急モハ1形5で大東急時代はデハ1150形1155だった。1963年に日立電鉄に譲渡され同社モハ1000形1001となった。2両目は神中鉄道キハ50形をクハ化したクハ1500形。◎上星川　1953（昭和28）年12月　撮影：竹中泰彦

上星川付近での建設中の国鉄東海道貨物線と相鉄の交差部分。手前は国道16号。画面右側に上星川浴場（銭湯）の煙突が見える。◎上星川　1974（昭和49）年1月　撮影：山田 亮

神中鉄道開通時の駅舎が残っていた上星川駅。1972年11月に橋上駅となった。
◎上星川　1970（昭和45）年5月　撮影：山田 亮

ほぼ完成した東海道貨物線高架線の下をくぐる相鉄6000系4両の各停二俣川行。貨物線は1979年10月に開通し、騒音防止
のため「覆い」が取り付けられた。現在でも旅客列車（特急湘南など）が通過するが、トンネルと同じで「暗闇」が続く。右
側に上星川浴場（銭湯）があり現在でも営業している。◎上星川　1974（昭和49）年10月　撮影：山田 亮

旧木造国電と旧東横キハの
2両編成。先頭の木造車は
旧木造国電（当時は省線電
車）モハ1形で小田急が譲
り受け、「大東急」統合時
にデハ1100形となって目
蒲線、大井町線で使用され
た後、厚木線（現・相鉄）に
応援のため入線し電化され
た横浜〜二俣川間で使用、
戦後に相模鉄道に正式に譲
渡されモハ2000形（2001、
2002）となった。2両目は
旧東横のキハ1形をクハ化
したクハ2500形（2501〜
2505）。
◎西谷
1953（昭和28）年12月
撮影：竹中泰彦

ED10形が牽引する貨物列
車だが無蓋車を連ね工事用
列車と思われる。この場所
は西谷〜上星川間にある
大六天通り踏切で、右側に
見える店舗はその後改築
されたが近年までその面影
が残っていた。ED10形は
1952年に登場したが当初
は淡灰色で後に赤味がかっ
たブドウ色となった。
◎西谷〜上星川
1953（昭和28）年12月
撮影：竹中泰彦

当時の相鉄線は星川付近の
工場地帯を抜けると山林や
丘陵が続いていた。西谷〜
上星川間を走る旧木造国電
（当時は省線電車）モハ1形
（相鉄モハ2000形2001ま
たは2002）と旧東横キハ1
形（相鉄クハ2500形2501
〜2505）の2両編成。旧
東横キハ1形は流線形だっ
たが戦後に改造され平凡な
スタイルになった。
◎西谷
1953（昭和28）年12月
撮影：竹中泰彦

西谷を発車するED10形（ED12）牽引の上り貨物列車。貨車は国鉄の陶器車ポ100形161。側面に独特の書体で「名」と大書きされ名鉄局（名古屋鉄道管理局）所属を示し刈谷駅常備と記されている。西横浜から貨物線を経由し保土ヶ谷で国鉄に中継された。ED10形は台車（DT13形）、モーター（128kwのMT30形）はモハ3000形（旧国鉄モハ63形）から転用され、電車用台車であることがよくわかる。◎西谷　1961（昭和36）年12月　撮影：竹中泰彦

西谷を発車する国鉄モハ63形と同形のモハ3000形上り横浜行。敗戦直後の輸送難時代に国鉄（当時は運輸省）モハ63形、クハ79形が私鉄に割り当てられ大東急時代の小田急線に投入されデハ1800、クハ1850形となり、後に一部を相鉄が譲り受けモハ3000形、クハ3500形となった。最後部のモハ3000形3006は相鉄入線時にクハ79形と同形のクハ3500形3503で1960年に電動車化された。モハ63の特徴である前面上部の通風窓が残っていた。
◎西谷　1961（昭和36）年12月　撮影：竹中泰彦

西谷を発車するED10形（ED12）牽引の貨物列車。無蓋車が多く工事用列車と思われる。西谷で交差する東海道新幹線の工事は始まっていない。ED10形は1952年に登場した電気機関車で総数4両（ED11～14）で電車用の台車、モーターを転用した。先頭はED12で1953年製造。塗色は赤味がかったブドー色である。
◎西谷　1961（昭和36）年12月　撮影：竹中泰彦

急行板を付けて最後の活躍をする5000系6両編成。1968年秋のラッシュ時6両編成化に伴い、5000系も朝夕には4連＋2連または2連×3で運行された。1972～75年に5000系は2100系と同様のアルミ車体に更新（車体載せ替え）された。
◎西谷　1973（昭和48）年5月　撮影：山田 亮

旧青梅電気鉄道の車両による2両編成。左がモハ2000形2014、右がモハ2000形2011か2012。1955年には5000形が登場したが、一方ではこのような車両が走っていた。
◎西谷付近　1955（昭和30）年11月　撮影：吉村光夫

初期形6000系4両の下り電車。この付近は国道16号が平行している。西谷の鶴ヶ峰方は現在では引上線ができて4線化されている。手前の帷子（かたびら）川は河川改修（直線化）されている。
◎西谷〜鶴ヶ峰　1960年代後半　撮影：吉村光夫

東海道新幹線と相模鉄道が交差する西谷。新幹線0系が通過中。西谷の鶴ヶ峰方には新横浜線開通時に引上げ線ができて4
線となり風景が一変した。◎西谷　1970（昭和45）年5月　撮影：山田 亮

相鉄と西谷で交差する東海道新幹線。グリーン車１両、ビュフェ車２両の０系16両「こだま」編成が橋上化された西谷駅の上を通過。◎西谷　1973（昭和48）年５月　撮影：山田 亮

工場入場のモハ6000形を牽引するモハ2000形2011と2015（または2016）。先頭のモハ2000形2011は元青梅電気鉄道のモハ501で1949年に国鉄から譲り受けモワ1形1となって貨車を牽引。1952年に旅客用となりモハ2011となり1969年まで使用された。同形にモハ2012があった。
◎鶴ヶ峰
1970（昭和45）年1月
撮影：山田 亮

鶴ヶ峰を発車する5000系。鶴ヶ峰は1962年に相鉄初の橋上駅となった。駅をでてすぐの踏切は長年の「開かずの踏切」で地下化が待たれる。
◎鶴ヶ峰
1970（昭和45）年1月
撮影：山田 亮

鶴ヶ峰の西谷方カーブを行く
2000系車体更新車の大和行。
この区間は2033年度完成予
定で地下化される。
◎鶴ヶ峰
1970 (昭和45) 年1月
撮影：山田 亮

1971年7月に登場した新
6000系の試作冷房編成。
海老名方からクハ6531-
モハ6312-モハ6311-クハ
6711の4両編成。
◎西谷～鶴ヶ峰
1973 (昭和48) 年7月
撮影：山田 亮

非冷房時代の新6000系4
両編成。この区間は地下
化が予定されている。新
6000系の冷房化は1977
〜79年に実施された。
◎鶴ヶ峰〜西谷
1973（昭和48）年7月
撮影：山田 亮

新6000系4両編成。2、
3両目のモハ6144、6145
は初期形6000系の中間電
動車モハ6100形と同形だ
がMMユニットで新6000
系の試作車だった。右側に
タカナシ乳業の工場が見え
るが、この区間も地下化が
予定される。
◎鶴ヶ峰〜二俣川
1973（昭和48）年7月
撮影：山田 亮

2100系の上り急行横浜行。
先頭はクハ2600形2606。
2100系は1973年登場の第
3次車から冷房車となり側
窓も5100系と同様の自動
式下降窓となった。台車は
旧車のままでアンバランス
だったが後に新形台車に交
換された。
◎瀬谷〜三ツ境
1977（昭和52）年10月
撮影：山田 亮

国鉄モハ63形の私鉄割り当て車であるモハ3000形3003を先頭にした2両編成の大和行。モハ63の特徴だった正面窓上の通風口が残りファンに人気があった。塗色も緑とクリームになっている。
◎鶴ヶ峰～二俣川
1958（昭和33）年5月21日
撮影：荻原二郎

モハ2000形の上り横浜行。最後部がモハ2000形2003でその前がモハ2000形2013。モハ2003は旧木造国電（省線電車）モハ1形で小田急、「大東急」を経て厚木線（現・相鉄）に入線したが1945年5月に空襲で被災、1949年に半鋼製車体に復旧された。1960年代後半になってもこのような車両が5000系、6000系とともに走り「雑多な車種」が相鉄の特徴だった。
◎二俣川
1968（昭和43）年3月
撮影：山田 亮

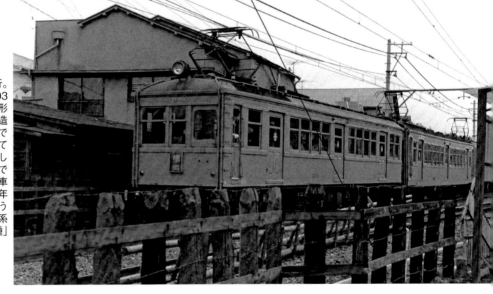

相鉄創立50周年（1967年12月18日）を祝う二俣川駅の飾り付け。
◎二俣川
1967（昭和42）年12月
撮影：山田 亮

二俣川での電車接続風景。神中線は1942年6月に横浜〜西谷間が最初に電化され、1944年9月に横浜〜海老名間全線の電化が完成したが二俣川を境に横浜方が600Ｖ、海老名方が1500Ｖのため乗り換えを余儀なくされた。左が湘南デハ5230形（後の京急デハ230形）、中央が小田急デハ1150形（進駐軍専用車）、右が東横デハ3400形。全線1500Ｖ化は1946年12月。
◎二俣川　1946（昭和21）年8月15日　撮影：荻原二郎

1964年に橋上化された二俣川で上り急行（二俣川〜横浜間ノンストップ）が各停横浜行と接続をする光景。
◎二俣川　1970（昭和45）年2月　撮影：山田 亮

1970年9月、二俣川駅南口に駅ビル「グリーングリーン」オープン。開設当初は3階がボーリング場だった。
◎二俣川
1970（昭和45）年9月
撮影：山田 亮

1970年9月開店の二俣川駅ビル「グリーングリーン」の開店をPRする大きな幕。
◎二俣川
1970（昭和45）年9月
撮影：山田 亮

二俣川駅ビル「グリーングリーン」屋上から鶴ヶ峰方を見た光景。上り6000系横浜行が発車し、ED10牽引の下り工事用列車が通過。駅付近には戸建て住宅が多く緑も多かった。手前の川は地名の元となった二俣川で、1989年の二俣川駅4線化に伴い暗渠化された。◎二俣川 1970（昭和45）年12月 撮影：山田 亮

ED10重連牽引の上りセメント列車。厚木から西横浜へ向かい、折り返して貨物線で保土ヶ谷へ向かい国鉄に中継された。
二俣川駅ホームが３線２面だった時代。◎二俣川　1970（昭和45）年12月　撮影：山田 亮

工事中のいずみ野線と本線の分岐点付近を行く新6000系基本４両編成（試作冷房編成）の海老名方に初期6000系クハ6500、
モハ6100を連結した６両編成。◎二俣川〜希望ヶ丘　1974（昭和49）年２月　撮影：山田 亮

1974年の二俣川駅南口の光景。駅前からのなだらかな坂道は万騎が原住宅地へと続き、左近山団地への相鉄バスが運行される。画面左奥のゴルフ練習場は現在ではSEIYU（当時は西友ストアー）二俣川店（1980年10月開店）になっている。
◎二俣川南口　1974（昭和49）年12月　撮影：山田 亮

二俣川駅南口の相鉄バス。画面右側に第一勧業銀行（現・みずほ銀行）が見える。書店と酒店があった駅前風景も今では一変している。◎二俣川　1978（昭和53）年2月　撮影：山田 亮

1964年に橋上化された二俣川駅。6000系が並ぶ朝ラッシュ時の光景。3線2面時代で中央の折り返し線で横浜〜二俣川間各停が折り返す。◎二俣川　1970（昭和45）年2月　撮影：山田 亮

相鉄本線（当時は厚木線と称した）といずみ野線（工事中）の分岐点付近を行く5100系急行海老名行。背後には相鉄バス二俣川営業所が見える。◎二俣川〜希望ヶ丘　1974（昭和49）年2月　撮影：山田 亮

1964年4月に橋上駅舎となった二俣川駅は乗客の増加で手狭になり、建て替えられることになった。旧駅舎使用最終日の二俣川駅改札口の光景。発車時刻表では上り横浜方面は急行（横浜までノンストップ）と各停が交互に発車していたことがわかる。◎二俣川　1988（昭和63）年6月25日　撮影：山田 亮

新7000系10両編成の「グリーンボックス号」（車内広告貸切電車）。先頭はクハ7500形7555。新7000系は1986〜89年に登場し、前面スタイルと側面の赤帯が変更された。1991年に二俣川の鶴ヶ峰方に引上げ線が2本設置された。
◎二俣川　1999（平成11）年2月　撮影：山田 亮

下り線、上り線それぞれに駅舎と改札口があった希望ヶ丘駅（写真は南口の下り線駅舎）。1948年の駅開設時は南口だけで、1966年に建て替えられた。ホームは対向式である。
◎希望ヶ丘
1970（昭和45）年1月
撮影：山田 亮

希望ヶ丘を発車する6000系の急行横浜行。1965年に上り線側に北口が開設され、下り線、上り線の駅舎、改札口が分離された。2000年3月に橋上化されたが、対向式ホームは変わらない。
◎希望ヶ丘
1970（昭和45）年1月
撮影：山田 亮

急行板を付けた初期形6000系4両の急行横浜行。二俣川～希望ヶ丘間は丘陵地帯だったがこの頃から宅地が増えてきた。
◎希望ヶ丘～二俣川
1970（昭和45）年5月
撮影：山田 亮

2000系3両の荷物電車。
先頭のクハ2500形2506は
1967年に旧形車の台車を
転用して「新製」された車
両。1978年に日立電鉄に
譲渡。
◎希望ヶ丘〜二俣川
1972（昭和47）年2月
撮影：山田 亮

アルミカー試作車モハ6000
形6021を先頭にした上り急
行横浜行。線路の後方に県
道40号横浜厚木線（厚木街
道）が平行している。
◎希望ヶ丘〜二俣川
1970（昭和45）年12月
撮影：山田 亮

ED10形14が牽引するセ
メント輸送列車。ED14は
1965年登場でED10形（全
4両）の最後の車両。窓が
大きく近代的外観である。
◎希望ヶ丘〜二俣川
1974（昭和49）年2月
撮影：山田 亮

モハ3000形3004を最後部とした上り横浜行。2両目はモハ3000形3005。モハ3004は戦災国電モハ60形を国鉄から譲り
受けて1949年に復旧。戦前形半流線形国電の先頭部分にパンタグラフを付けた独特の形態でファンに人気があった。モハ
3005は事故廃車の国鉄サハ48を国鉄から譲り受けて1953年に電動車として復旧し、3ドア化、両運転台化した車両で、国
鉄クモハ43を3ドア化したような形態だった。◎三ツ境　1961（昭和36）年4月　撮影：荻原二郎

初期形6000系6両の各停大和行。先頭はクハ6500形6508の6両貫通編成。1968年秋からラッシュ時6両編成となり、
1970年11月から最大7両編成となった。中間車モハ6100形、サハ6600形は5000系中間車と同じく側面は左右対称ではな
く、ドア位置を運転台付き車両にあわせている。新6000系の側面は左右対称である。
◎三ツ境〜瀬谷　1970（昭和45）年12月　撮影：山田 亮

2000系4両の急行横浜行。先頭はクハ2500形2507、元青梅電気鉄道のクハ701。1950年に事故廃車され1953年に修復された。筆者が初めて線路際から撮影した鉄道写真である。◎三ツ境〜希望ヶ丘　1967（昭和42）年8月　撮影：山田 亮

1986年に橋上駅となった三ツ境駅。三ツ境は標高76mで相鉄では最高地点の駅である。「70年代相鉄スタイル」の2100系横浜行が発車。◎三ツ境　1986（昭和61）年頃　撮影：山田虎雄

瀬谷駅北口風景。2004年3月に橋上化された。ホームは将来の特急運転、JR東急との直通運転に備え2012年に2面3線から2面4線となり上下とも追い抜きが可能になった。◎瀬谷　1970（昭和45）年12月　撮影：山田 亮

春の淡雪をついて走る初期形6000系。先頭は1961年登場のモハ6000形6001。1993年に廃車され現在はかしわ台車両センターで保存。◎瀬谷～三ツ境　1974（昭和49）年2月　撮影：山田 亮

2000系4両の横浜行。最後部はモハ2000形2015、2両目がモハ2000形2016。モハ2015（前面非貫通）とモハ2016（前面貫通）は井の頭線戦災車両の台枠を利用し車体を新製して1955年に登場した。モハ2015、2016は1972年に車体のみ伊予鉄道に譲渡された。同形車にクハ2500形2508があった。◎大和〜瀬谷　1960年頃　撮影：吉村光夫

車体更新された2000系3両編成。緑とクリームの塗色だが横浜方のクハ2500形は黄色となっている。この付近は現在では地下化されている。17m車の2000系は、出自が旧木造国電、戦災国電復旧車、旧青梅電気鉄道のほか1960年前後に国鉄から譲り受けた17m国電（クモハ11形など）のグループがあった。すでに5000系が登場していたにもかかわらず、国鉄から中古車を購入した当時の相鉄経営陣の方針は今となっては理解しがたい面がある。
◎大和　1962（昭和37）年11月4日　撮影：荻原二郎

東名高速道路（1969年5月全線開通）と相鉄の交差地点を行く2000系4両。道路を渡った左側に相模大塚電留線がある。東名高速も厚木基地進入路直下に防護トンネル（大和トンネル）を設置するためこの付近は掘割になっている。
◎大和～相模大塚　1970（昭和45）年12月　撮影：山田 亮

厚木基地北側の「防護トンネル」をくぐる6000系。厚木基地に離発着する航空機からの防護のために1964年11月、大和〜相模大塚間複線化時にトンネルが設置された。付近には厚木基地に離発着する軍用機を撮影する飛行機ファンも多い。
◎大和〜相模大塚
1970（昭和45）年12月
撮影：山田 亮

地上駅時代の大和に近づく5000系4両固定編成の急行横浜行。5000系の中間電動車は側面が左右対称ではなく、ドア位置を運転台付き車両にあわせている。大和駅は1993年8月に地下ホームになり、写真の付近は遊歩道になっている。
◎大和
1970（昭和45）年1月
撮影：山田 亮

地上駅時代の大和駅前。相鉄は地上ホームで改札口は地下にあった。左側で小田急が築堤で交差。相鉄大和駅は1993年8月に地下ホームになり、地上線跡地は遊歩道になった。大和駅地下化工事は1994年10月に完成。
◎大和　1970（昭和45）年1月　撮影：山田 亮

相鉄大和駅地下化工事のため、1989年11月から1993年7月まで横浜方に仮駅、仮ホーム（島式1面2線）が設置され、小田急との間に長い連絡通路が設置された。相鉄の大和駅は1993年8月に地下化された。
◎大和　1991（平成3）年頃　撮影：山田虎雄

相模大塚電留線の5000系4両。2両固定編成を2本併結している。相模大塚の電留線は用地の一部（横浜方）が東名高速道路用地になったため、また車両数の増加に対処するため1967年にかしわ台車両基地（開設時は電留線）が開設された。写真後方の雑木林付近に東名高速が掘割で建設された。◎相模大塚　1960年頃　撮影：吉村光夫

緑とクリームの塗分けのモハ2000形車体更新車。先頭のモハ2000形2017は1959年に国鉄クモハ11形100番台（登場時はダブルルーフのモハ30形、最初の半鋼製省線電車として知られる）を国鉄から購入して車体を更新した車両。当時の相鉄では5000系を導入する一方、国鉄中古車を譲り受けて車体を更新する方法で車両増備を行っていた。
◎相模大塚　1960（昭和35）年1月31日　撮影：吉村光夫

相模大塚の木造駅舎。電留線があるため構内が広く1975年に橋上化された。1970年代までは駅周辺には米兵相手の横文字看板の商店、食堂が多かった。
◎相模大塚
1970（昭和45）年12月
撮影：山田 亮

モハ1000形1004先頭の４両編成。モハ1000形は元小田急モハ１形で大東急時代にデハ1150形となり、戦後相鉄が譲り受けた。手前側の３両はM-T-Mの３両固定化されている。当時から相模大塚に電留線があったが、東名高速道路建設時に一部が道路用地になった。◎相模大塚　1960年頃　撮影：吉村光夫

1975年8月17日、大塚本町駅廃止に伴いさがみ野駅とかしわ台駅が設置された。1980年11月、駅北口に「さがみ野ショッピングプラザ相鉄ライフ」が開設。さがみ野は鉄道のない市である綾瀬市の玄関口で南口から神奈中バスの便がある。さがみ野は神中鉄道開通時の相模大塚駅の場所にある。◎さがみ野　1975（昭和50）年9月　撮影：山田虎雄

保存された神中鉄道3形3号機、1925年、汽車会社で2両（3、4）が製造。軸配置1C1。この3号機は相模、神中合併時に7号に改番。戦後に小名浜臨港鉄道などに譲渡。1967年、相鉄に戻りかしわ台車両センターで保存。
◎かしわ台基地　1967（昭和42）年9月23日　撮影：荻原二郎

最後の単線区間を行く6000系4両編成。かしわ台車両基地－海老名間は本線最後の単線区間で開通時の面影が残っていた。
◎大塚本町～海老名　1970（昭和45）年12月　撮影：山田 亮

1946年3月、柏ヶ谷として設置。1ヶ月後に大塚本町と改称。1975年8月17日のさがみ野、かしわ台駅設置に伴い廃止。
この改札口はかしわ台駅東口として残り、線路に沿って長い連絡通路がある。
◎大塚本町　1970（昭和45）年12月　撮影：山田 亮

1967年開設のかしわ台車両基地（開設時は電留線）。手前の2両は旧青梅電気鉄道のモハ2000形2014とモハ2000形2011
（または2012）。右側のモハ2014は旧青梅モハ106で相鉄が譲り受け後モワ3となり、1953年にモハ2014となる。窓位置
が高い独特の形態。◎かしわ台　1967（昭和42）年9月23日　撮影：吉村光夫

大塚本町～海老名間に開設されたかしわ台車両基地。1971年、隣接地に星川車両工場が移転し、1972年1月にかしわ台工機所（現・かしわ台車両センター）が発足。1975年8月、大塚本町駅が約500m移転し、かしわ台駅が開設。車両基地は台地上にあり丹沢の山々が眺められる。中央には大山がそびえる。6000系の急行海老名行が発車。
◎かしわ台車両基地　1970（昭和45）年1月　撮影：山田 亮

貨物線との分岐点付近を行く3010系、最後部はモハ3010形3011。右側は相模国分信号場で分岐する貨物線。
◎相模国分　1974（昭和49）年3月　撮影：山田 亮

荷物電車デニ1000形の3両編成（デニ1007-デニ1008-デニ1009）。元小田急のモハ1形で大東急時代にデハ1150形となり、戦後相鉄に譲渡されモハ1000形となった。モハ1007～1009の3両は1965年に荷電化されデニ1007～1008となった。1978年に3両とも日立電鉄に譲渡。
◎かしわ台～海老名
1974（昭和49）年3月
撮影：山田 亮

ED14先頭のED10形重連牽引のセメント列車。小野田セメント所有の私有貨車ホキ3100形、ホキ5700形などで編成。
◎かしわ台～海老名
1974（昭和49）年3月
撮影：山田 亮

貨物線との分岐点相模国分信号場付近を行く3010系の急行海老名行。1974年3月28日に相模国分～海老名間の複線化が完成。
◎相模国分
1974（昭和49）年3月
撮影：山田 亮

回送マークを付けた2000系2両の荷物電車。翌1975年正式に荷電となりモニ2000形、クニ2500形となった。
◎大塚本町
1974（昭和49）年7月
撮影：山田 亮

1975年8月17日にかしわ台駅が開設され、その前日限りで大塚本町が廃止された。大塚本町駅の改札口はかしわ台駅東口として残り、約500mの連絡通路が線路沿いに設置された。かしわ台の横浜方の跨線橋と東口への連絡通路。
◎かしわ台
1980（昭和55）年頃
撮影：山田虎雄

かしわ台～海老名間は相鉄で最後に複線化された区間。7000系7両編成が海老名に向け90kmで快走する。
◎かしわ台～海老名
1981（昭和56）年10月
撮影：山田 亮

海老名を発車する2000系
3両の上り横浜行。撮影の
1958年秋の時点では三ツ
境〜海老名間が単線となっ
ている。1960年の交通公
社時刻表では海老名発15
〜30分毎と記載され、大和
〜海老名間はデイタイム30
分間隔であった。先頭のモ
ハ2000形2013は旧青梅電
気鉄道の車両。画面右側は
小田急線と相模国分〜厚木
間の貨物線である。
◎海老名
1958（昭和33）年10月4日
撮影：荻原二郎

海老名で並んだ相鉄6000
系。相鉄ホームの先端（小
田原方）から小田急下り
ホームへ直接渡れる連絡橋
があった。
◎海老名
1970（昭和45）年2月
撮影：山田 亮

海老名駅の発車時刻表。
1970年時点ではかしわ台
車両基地−海老名間が単線
だった。大和〜海老名間は
デイタイム毎時4本で急行
は30分間隔、朝夕はおおむ
ね10分間隔ですべて急行
だった。
◎海老名
1970（昭和45）年1月
撮影：山田 亮

143

海老名での相鉄と小田急の接続風景。相鉄と小田急の連絡は構内踏切を横断したが1970年から連絡跨線橋ができた。駅北側には以前は田んぼが広がっていたが、小田急海老名電車基地建設に備えて空き地になっている。写真右側に相鉄貨物線と相模線が平行している。
◎海老名
1970（昭和45）年５月
撮影：山田 亮

1973年12月に南西方向に300ｍ移転した海老名駅。相鉄、小田急の共同使用駅だったが改札は分離された。旧海老名駅は中間改札がなかった。
◎海老名
1974（昭和49）年３月
撮影：山田 亮

移転直後の海老名駅前。背後の丘陵は国分寺台と呼ばれる。以前は田んぼが広がっていたが、駅付近は区画整理が行われた。
◎海老名
1974（昭和49）年３月
撮影：山田 亮

海老名を発車する6000系4両の急行横浜行。かしわ台車両基地〜海老名間が最後の単線区間だった。左側奥に移転前の海老名駅が見える。画面右側奥に相鉄貨物線が見え、さらに奥には厚木の小野田セメント工場がシルエットになっている。
◎海老名　1970（昭和45）年12月　撮影：山田 亮

海老名に到着する新塗装の初期形6000系。右側の小田急海老名車両基地は1972年12月に開設。1973年12月に海老名駅が南へ300m移動し、横浜〜海老名間営業キロも0.3km延びて24.6kmとなった。1974年3月28日に相模国分〜海老名間の複線化が完成し、全線（貨物線を除く）が複線となった。◎海老名　1974（昭和49）年3月　撮影：山田 亮

『海老名市史』に登場する相模鉄道 (市史より抜粋)

相模鉄道の敷設

『横浜貿易新報』によれば、大正4 (1915) 年10月ごろに、茅ヶ崎町から相模川沿いを北に向かって高座郡相原村を結ぶ軽便鉄道敷設計画が報道されていた (15年10月13日)。鉄道名は、相模軽便鉄道であった。報道されていたのは、鳥越金之助ほか36人の発起人による相模鉄道株式会社の茅ヶ崎から橋本に至る鉄道敷設免許申請のことで、この免許申請は16年6月26日に認可された。鳥越金之助という人物については詳しいことは分からないが、鉄道技師として鉄道庁奥羽線北線出張所長・通信省鉄道局出張所長などを歴任した人物らしい。そもそも、この鉄道敷設は、どのような理由・目的で計画されたのか。17年9月18日、東京の築地精養軒において発起人総会が開催されたが、そのときの会社発起趣意書に、理由・目的が紹介されている。

その趣意書によれば、敷設の理由・目的として、
① 相模川流域は、中央線・東海道線の官設鉄道に囲まれているものの、交通機関がない
② 豊富な農業生産物と砂利の輸送手段がないために、地方経済に損失を与えているといった負の状況に置かれている。そこで、鉄道が敷設されれば、
③ 高座・中・愛甲・津久井四郡を経済的連結した輸送手段が確保でき、農産物の生産額は増加する
④ 名所旧跡の旅行遊覧に効果がある
⑤ 敷設によって、中央線と東海道線の短距離連絡路線となる
といったようなことを挙げていた。さらに、敷設されることによって、相模鉄道乗降客は年間約157万人、年間貨物輸出入量は、寒川・有馬・海老名村だけで約7000トン、鉄道開業後の沿線地域である厚木町・座間村・新磯村・麻溝村・大沢村・溝村を含めると15万5500トンと見込んでいた。この発起人総会には、茅ヶ崎町長伊藤里之助、有馬村長宇田吉五郎、海老名村長望月珪治も出席していた。なお、相模鉄道敷設計画が明らかになったことで、海老名村上郷・下今泉地区住民が路線変更の陳情書を提出した。しかし、この陳情は、まったく無視されたようである。

1917年12月18日、伊藤茅ヶ崎町長の自宅で創立総会が開催され、社長に横浜市出身で衆議院議員の岡崎久次郎を選出して、相模鉄道株式会社を設立した。会社設立時における資本金は、60万円で

あった。しかし、大正11 (1922) 年5月までに茅ヶ崎～寒川間が開通し、寒川～四之宮・寒川～川寒川間の砂利支線が開通したものの、資本金払込みは目標額に達せず、また、営業実績については、

> 未タ開業日、尚、浅キヲ以テ所期ノ収入ヲ得ル能ハサリシモ、旅客ノ数ハ漸次増加ヲ為シ、貨物収入、又、次第ニ好果ヲ収メ、特ニ砂利採取事業ハ益々盛大ノ機運ニ向ヘルヲ以テ、収入ハ逐次増加スヘキモノト信ス

と、希望的観測をするにとどまっていた。貨客運輸実績が事業報告書に公開されるようになったのは、「大正十一年度　第六回事業報告書」からで、これによると、収入総計は約6万3000円で「企業目論見書」中の収支概算書で掲げていた収入の乗客年間収入7万8475円、貨物収入年間5万735円、砂利販売そのほかの年間収入合計約31万円には到底及びもしなかった。

寒川から先の延長工事が始まらなかったうえに、関東大震災による被害で会社経営に影響が生じたことから、「現重役ノ主脳者ハ、会社並ニ株主ニ対シ、入社当時ノ声明ニ背キ誠意ヲ欠キ、鉄道完成ノ意志ナク、且、業務執行ノ放漫ニシテ、到底責任ヲ共ニスル能ハザル」とする相模鉄道株式会社株主擁護会と株主有志団の対立が生じた。株主擁護会は、取締役・監査役の解任と重役選挙の執行を求めていた。株主擁護会に対して、株主有志で組織された株主調査委員による「相模鉄道株式会社調査報告」が公表されたことで、この対立は沈静化したようである。

「創立以来十ケ年、社業萎微トシテ振ハズ」、寒川からの延長工事に着手できなかったが、寒川～倉見間が1926年4月1日に開業し、倉見～厚木間が同年7月15日に開業した。そして、茅ヶ崎～橋本間が全面開通したのは昭和6 (1931) 年になってからで、4月29日、ようやく開業を迎えた。茅ヶ崎～橋本間33.3キロメートルの鉄道敷設は、13年を経てようやく完了した。

相模鉄道の敷設により、有馬村には社家駅が、海老名村には厚木駅が開設され、これらの駅は現在も同じ駅名として開業している。茅ヶ崎～厚木間開通当時における時刻表上の所要時間39分、運賃は41銭であった。1日に14本運行されていた。ちなみに、平成20 (2008) 年現在の所要時間は25分、運賃は230円である。

神中軌道の敷設計画

1915年6月25日、相模鉄道敷設計画が新聞に報

道されたときより5か月ほど早く、大和村・綾瀬村・海老名村など高座郡を初め、橘樹・都筑・鎌倉郡の有志23名が、神中軌道敷設の工事認可を求めて、敷設趣意書・起業目論見書などを鉄道院に提出した。神中軌道は、海老名村河原口に駅を設け、この駅と東海道線保土ヶ谷停車場前を結ぶ路線を敷設するというものであった。敷設理由は、相模鉄道と似た見解ではあるが、県央にある相模原は交通機関の利便性にあずかっていないこと、そのために産業の進展が遅れていることを指摘し、敷設後には農林産物および工業製品の移入出、観光集客による波及効果に大きな期待を望めるとしていた。この敷設工事認可は、大正5（1916）年8月22日に下りた。次いで、翌17年12月2日、出席者699人のもとで会社設立総会が開かれた。その結果、資本金を30万円（6000株）、小島政五郎を初代社長とする神中軌道会社が発足した。小島は、鎌倉郡瀬谷村（横浜市瀬谷区）出身で、会社発足当時は瀬谷銀行の頭取であった。

ところで、工事施行認可期限が19年2月21日になっていたにもかかわらず、測量を実施することさえもできない状況であった。この理由として、わが国が第1次世界大戦の好景気の渦中にあり、新会社の設立・設備拡張が相次いだ結果、鉄材などの入手が困難な上、測量技術者の人材確保もむずかしかったことにあったらしい。

ようやく、18年4月2日から測量を開始し、同年11月24日、初めての株主総会を開催した。この総会では、軌道鉄道を軽便鉄道に変更すること、資本金を増資すること、社名を神中軌道から神中鉄道株式会社に変更することが決議された。軌道鉄道を軽便鉄道に変更したのは、私設鉄道では規制が厳しく、一方、軌道鉄道では敷設後の運輸規模に限界があること、17年4月の軌道条例改正により「会社株式、全額払込前ト雖、主務大臣ノ認可ヲ受ケ、線路ノ延長、又ハ改良ノ費用ニ充ツル為、其資本ヲ増加スルコトヲ得ル」ことができるようになったからである。

総会の決議結果をもとに認可申請を行い、19年5月12日に軽便鉄道の敷設が認可された。また、同年6月10日からは、神中鉄道株式会社と改称した。なお、私設鉄道法と軽便鉄道法が廃止されて地方鉄道法が公布され、同年8月から施行された。

神中鉄道の開通

手続き上は順調な経過をたどり、測量も始まっていたが、敷設工事は、いっこうに始まらなかっ

た。これは、第1次世界大戦後の不況と順調に進行しない路線用地の買収問題、さらに、鉄道事業に未経験な経営陣などが原因していた。また、東海道線保土ケ谷停車場～保土ケ谷町元町～二俣川村を経て海老名村河原口の路線は具体化していたが、経路については確定していなかった。そこで1920年ごろ、経路を確定するための作業に入ったところ、終点を予定していた保土ケ谷停車場が貨物専用に変更されることが判明したことから、終点を横浜停車場（元東急東横線高島町駅附近）にまで延長することになった。ところが横浜停車場も、ゆくゆくは移転するということも明らかになり、さらに終点を横浜市久保町（西横浜駅）に変更した。敷設工事は関東大震災の影響もあって着工はさらに延びたが、24年8月23日、ようやく起工式を迎えることになった。起工式は、神中鉄道相模国分停車場予定地で執り行われた。同年11月から、本格的に敷設工事が進められた。終点を横浜市久保町に変更した敷設工事免許認可申請は、同年12月13日付で提出し、翌25年1月29日に認可が下りたが、この年の5月ころには予定線の70パーセントが完成するほどの進み具合であった。

その後、横浜停車場が移転したため、神中鉄道の東側終点を移転後の横浜停車場（JR横浜駅）に延長することになり、大正14（1925）年3月に開催された臨時株主総会では、工事費を工面するために、資本金を300万円に増資することが決まった。また、新横浜停車場への延長による路線変更の免許申請を26年6月11日に行い、これは翌昭和2（1927）年12月28日に認可を受け、ここに総延長26キロメートルにわたる路線が確定した。

全線が開通するのは33年になってからであるが、海老名市域に関しては26年5月12日に二俣川～厚木間が単線開通し、相模国分・厚木の2停車場が開業した。厚木～二俣川間の所要時間は時刻表上では44分、運賃は59銭で、二俣川から横浜方面へは乗合自動車を利用した。厚木～二俣川間には、1日12本が運行された。そして、同年7月15日に、相模鉄道厚木～倉見間が開通したことで、有馬村と海老名村には、相模鉄道の社家、神中鉄道の相模国分、そして両路線が共用する厚木の3停車場が設けられた。

1964年11月4日まで運行された相鉄の本厚木乗り入れ。左から小田急1400形、2400系HE車の急行箱根湯本行、相鉄5000系。乗り入れ車は5000、6000系のほか旧形車が使用されることもあり、相鉄の乗務員が本厚木まで担当した。地上駅時代の本厚木駅で4線2面、右に貨物ホームが見える。◎本厚木　1964（昭和39）年8月　撮影：山田虎雄

ED10形重連に牽引される米軍厚木基地への米軍タンク車（タキ3000形）による燃料輸送列車。田浦〜根岸〜川崎貨物〜茅ヶ崎〜厚木〜相模大塚のルートで専用線を経由し厚木基地まで輸送された。1998年9月を最後に中止された。
◎厚木〜相模国分　1981（昭和56）年10月　撮影：山田 亮

厚木駅構内のED10形（ED13－ED14）。厚木で国鉄と貨車中継を行う。1979年10月から保土ヶ谷での貨車中継がなくなり厚木中継だけになった。写真左側に国鉄の自動車輸送貨車ク5000形が見える。相模国分〜厚木間貨物線の電化は1949年11月である。◎厚木　1981（昭和56）年1月　撮影：山田 亮

神中鉄道1形2号機。1920
年米国H.K.ポーター社製の
Ｄ形タンク機関車で2両（1、
2）製造された。1926年二
俣川～厚木間開通時に使用。
左に車掌室付き無蓋車トフ
400形が見える。
◎厚木付近
1936（昭和11）年7月25日
撮影：荻原二郎

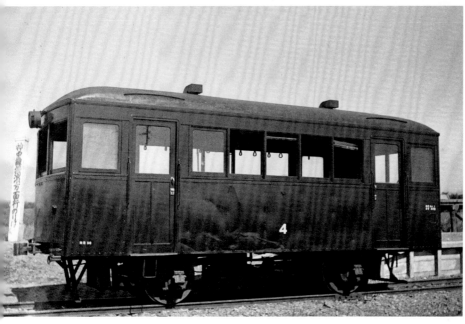

神中鉄道の2軸ガソリン
カー、キハ1形4。列車回
数増加を目的に1929年に
登場した2軸のガソリン
カーで6両（キハ1～6）が
製造された。
◎中新田口
1936（昭和11）年7月25日
撮影：荻原二郎

東京横浜電鉄から譲り受け
た流線形キハ1形6と木
造客車2両（ハフ50、ハフ
102）で後部にSLが連結。準
戦時体制に入り燃料が統制
されガソリンカーであるキ
ハ1形は客車代用になりSL
に牽引されたと思われる。
◎中新田口
1939（昭和14）年11月2日
撮影：荻原二郎

いずみ野線

建設中のいずみ野線南万騎が原駅付近。東海道新幹線の下をくぐる道路を地元や道路管理者（横浜市）の了解を得て線路敷に転用した。新幹線開通後に新幹線と交差する鉄道の建設（地下鉄を除く）は極めて珍しい。新幹線０系が通過中。後方の学校は横浜市立さちが丘小学校。◎南万騎が原　1974（昭和49）年10月　撮影：山田 亮

いずみ野線開通一番電車いずみ野行の先頭車クハ6535車内。運転台付近には初乗りの若いファンが群がっている。
◎1976（昭和51）年４月８日　撮影：山田 亮

いずみ野線二俣川〜いずみ野間開通に備えた試運転列車。旧塗装と新塗装の新6000系がすれ違う。開通数日前に撮影。
◎南万騎が原　1976（昭和51）年４月　撮影：山田 亮

二俣川〜いずみ野間開通日に運転された特製ヘッドマーク付きの7000系６両の記念電車。開通当日、記念電車は一般列車として横浜〜いずみ野間を往復。ちびっこファンの姿も多かった。先頭はクハ7500形7503、横浜方はクハ7700形7703。いずみ野線は横浜〜二俣川間各停の一部をいずみ野へ延長し、運転間隔は朝12分、デイタイム20分、夕20分。早朝、深夜は線内折返し。◎弥生台　1976（昭和51）年４月８日　撮影：山田 亮

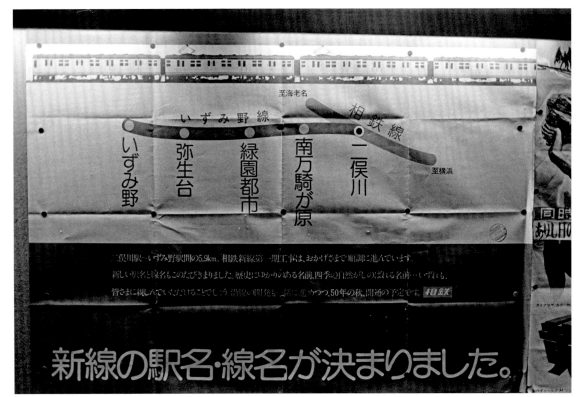

相鉄いずみ野線駅名決定のポスター。1975年秋開通予定とあるが、実際には約半年遅れて1976年4月8日に二俣川〜いずみ野間が開通した。◎1975（昭和50）年1月　撮影：山田 亮

相鉄いずみ野線二俣川〜いずみ野間開通記念式でのテープカット。テープを切る穴水相鉄社長（左端）左から3人目が長洲神奈川県知事（在任1975〜1995）。当日は7000系による記念電車が運転された。
◎いずみ野　1976（昭和51）年4月8日　撮影：山田 亮

建設中のいずみ野駅。将来の優等列車運転を考慮し2面4線で建設された。いずみ野駅周辺では相鉄による宅地開発が行われた。◎いずみ野　1974（昭和49）年10月　撮影：山田 亮

いずみ野をでると電車は大きくカーブして南に向きがかわりいずみ中央へ向かい、高架線のため視野は広くなり富士が見える。いずみ中央は横浜市泉区役所もある行政の中心地。ここは相鉄が開発した宅地（戸建て、マンション）はない。相鉄の開発住宅地はいずみ野までである。◎いずみ中央　1990（平成2）年5月　撮影：山田虎雄

開通翌年、1977年のいずみ野駅航空写真。駅付近で相鉄による宅地造成が進む。湘南台方面へは画面左方向へカーブして進む。画面左上の建物群は横浜、大和両市にまたがる県営いちょう団地。
◎いずみ野　1977（昭和52）年３月８日　撮影：朝日新聞社

相模鉄道からの譲渡車

伊豆箱根鉄道大雄山線のモハ161。元相鉄モハ2000形2025で1974年に伊豆箱根鉄道に譲渡された。
◎小田原　1979（昭和54）年1月　撮影：山田 亮

国鉄水郡線常陸太田駅前の日立電鉄常北太田駅に待機する元相模鉄道のモハ1000形とクハ2500形（写真左側）日立電鉄は
2005年3月末日限りで廃止。◎常北太田　1980（昭和55）年2月　撮影：山田 亮

元相模鉄道の電気式気動車キハ1000形を電車化した日立電鉄モハ14。キハ1000形は4両製造され、戦時中に電車に改造されデハ1050形となり横浜〜二俣川間で使用。戦後の1946年には一時東横線でも運行。1947年に4両とも日立電鉄（茨城）に譲渡されモハ13〜16となった。流線形車体も1965年に改造され平凡な形となったが、側面に気動車時代の面影が残る。
◎鮎川　1980（昭和55）年2月　撮影：山田 亮

常磐線との接続駅大甕に停車中の日立電鉄モハ13〜16のいずれか。元相模鉄道キハ1000形で戦後日立電鉄に譲渡。画面右側に常磐線「赤電」401系が停車している。◎常北太田　1980（昭和55）年2月　撮影：山田 亮

山田 亮（やまだ あきら）

1953年生、慶応義塾大学法学部卒、慶応義塾大学鉄道研究会ＯＢ、鉄研三田会会員、元地方公務員、鉄道研究家で特に鉄道と社会の関わりに関心を持つ。

1981年「日中鉄道友好訪中団」（竹島紀元団長）に参加し、北京および中国東北地区（旧満州）を訪問。

1982年、フランス、スイス、西ドイツ（当時）を「ユーレイルパス」で鉄道旅行。車窓から見た東西ドイツの国境に強い衝撃をうける。

2001年、三岐鉄道（三重県）70周年記念コンクール「ルポ（訪問記）部門」で最優秀賞を受賞。

現在、日本国内および海外の鉄道乗り歩きを行う一方で、「鉄道ピクトリアル」などの鉄道情報誌に鉄道史や列車運転史の研究成果を発表している。

（主な著書）

「上野発の夜行列車・名列車、駅と列車のものがたり」（2015、JTBパブリッシング）

「南武線、鶴見線、青梅線、五日市線、1950～1980年代の記録」（2017、アルファベータブックス）

「常磐線、街と鉄道、名列車の歴史探訪」（2017、フォト・パブリッシング）

「1960～70年代、空から見た九州の街と鉄道駅」（2018、アルファベータブックス）

「中央西線、1960年代～90年代の思い出アルバム」（2019、アルファベータブックス）

「横浜線」「内房線」「外房線」「総武本線、成田線、鹿島線」街と鉄道の歴史探訪

（2019～2020、フォト・パブリッシング）

「京浜急行沿線アルバム」（2020、アルファベータブックス）

「東急電鉄沿線アルバム」（2021、アルファベータブックス）

「昭和平成を駆け抜けた長距離鈍行列車」（2020、フォト・パブリッシング）

「昭和平成を駆け抜けた想い出の客車急行」（2021、フォト・パブリッシング）

【写真撮影】

荻原二郎、荻原俊夫、亀井秀夫、竹中泰彦、
矢崎康雄、吉村光夫、山田虎雄、山田 亮、山田 進
朝日新聞社

相鉄5000系の車内。5000系の一部はつり革が網棚に直接取り付けられていた。校外学習の地元中学生が乗車している。
◎1967（昭和42）年10月
撮影：山田 亮

相模鉄道
昭和～平成の記録
（さがみ てつどう）
（しょうわ へいせい きろく）

発行日…………………2023年6月5日　第1刷　※定価はカバーに表示してあります。

著者……………………山田 亮

発行者…………………春日俊一

発行所…………………株式会社アルファベータブックス

　　　　　　　　　　　〒102-0072　東京都千代田区飯田橋 2-14-5 定谷ビル

　　　　　　　　　　　TEL.03-3239-1850　FAX.03-3239-1851

　　　　　　　　　　　https://alphabetabooks.com/

編集協力………………株式会社フォト・パブリッシング

デザイン・DTP ………柏倉栄治

印刷・製本……………モリモト印刷株式会社